法国教育观察

(2016—2020)

刘 敏　周 政◎著

人民出版社

责任编辑:宫　共

封面设计:源　源

图书在版编目(CIP)数据

法国教育观察:2016—2020/刘敏,周政 著. —北京:人民出版社,2023.2
ISBN 978-7-01-024128-9

Ⅰ.①法⋯　Ⅱ.①刘⋯ ②周⋯　Ⅲ.①教育研究-法国-2016—2020　Ⅳ.①G556.5

中国版本图书馆 CIP 数据核字(2021)第 254186 号

法国教育观察
FAGUO JIAOYU GUANCHA
(2016—2020)

刘　敏　周　政　著

人民出版社 出版发行
(100706　北京市东城区隆福寺街 99 号)

北京汇林印务有限公司印刷　新华书店经销

2023 年 2 月第 1 版　2023 年 2 月北京第 1 次印刷
开本:710 毫米×1000 毫米 1/16　印张:11.5　字数:176 千字

ISBN 978-7-01-024128-9　定价:35.00 元

邮购地址 100706　北京市东城区隆福寺街 99 号
人民东方图书销售中心　电话 (010)65250042　65289539

总　序

　　在"十四五"乃至更长一个时期，我国教育改革与发展正在面临着新的国内外环境，面临着新的发展机遇和挑战。从国际上看，正如《中华人民共和国国民经济和社会发展第十四个五年（2021—2025年）规划和2035年远景目标纲要》明确指出的，"当今世界正经历百年未有之大变局，新一轮科技革命和产业变革深入发展，国际力量对比深刻调整，和平与发展仍然是时代主题，人类命运共同体理念深入人心。同时，国际环境日趋复杂，不稳定性不确定性明显增加，新冠肺炎疫情影响广泛深远，世界经济陷入低迷期，经济全球化遭遇逆流，全球能源供需版图深刻变革，国际经济政治格局复杂多变，世界进入动荡变革期，单边主义、保护主义、霸权主义对世界和平与发展构成威胁。"从国内看，经过40多年的改革开放，我国社会经济发展取得了辉煌的成就，实现了全面建成小康社会的目标，我国已转向高质量发展阶段。在新的历史阶段，我们必须统筹中华民族伟大复兴战略全局和世界百年未有之大变局，深刻认识我国社会主要矛盾变化带来的新特征新要求，深入贯彻创新、协调、绿色、开放、共享的新发展理念，加快构建新发展格局，推动高质量发展，为全面建设社会主义现代化国家开好局、起好步。

　　教育是高质量发展的重要内容，也是高质量发展的基础，因此，建设高质量教育体系，实现教育现代化，建设教育强国，便成为我国教育改革发展的主旋律和归宿。我国要打造的高质量教育体系应该是服务全民终身学习的教育体系，是满足所有人的发展需要的全纳、个性化的教育体系，是上下衔接、普职融通的教育结构体系，是优质均衡的基本公共教育服务体系，是多元、高效的教育评价与质量保障体系，是政府、学校、企业、社会共同参与的教育治理体系，是全面布局、重大突破、分类发展的高水平教育对外开放体系。在"十四五"乃至更长一个时期，我国教育改革与发展将致力于推进基本公共教育均等化，增强职业技术教育适应性，提高高等教育质量，建设高素质专业化教师队伍。这些重大任务的推进，迫切需要深化教育改革。

从国际上看，自20世纪80年代以来世界性的教育改革不但没有停止，而且随着21世纪社会经济、科学技术、文化等方面的新发展、新要求和新挑战而日益走向深入。在教育普及化的时代，不断推进教育现代化是教育改革发展的总体目标，提高质量和促进公平仍然是教育改革发展的主旋律，主要的改革趋势包括重新界定核心素养并将核心素养融入到培养目标、课程、教学和评价当中去，以培养创新能力、实践能力和学习能力为核心推进教学模式与方法的创新，以教师专业发展为指导推进教师职前教育和职后教育的一体化改革，以应对全球化时代挑战和全球性问题解决为目的推动国际理解教育、全球素养教育、全球公民教育和可持续发展教育，以教育数字化转型为途径应对信息革命、智能革命为主要驱动力的数字化社会带来的挑战，以全民终身学习和学习化社会为宗旨推进终身学习体系建设，以简政放权和提高效率为中心推进教育治理体系改革，以联合国教科文组织和多边主义等基础建构多行为体共同参与的全球教育治理体系。新冠肺炎疫情的全球蔓延使得全球教育面临着更大的不确定性，如何应对因疫情导致的面对面授课受限、国际交流与合作下降、教师与学生流动减少、失学和辍学人数飙升、毕业生就业恶化等挑战，如何在后疫情时代实现教育的重建，也成为世界各国和国际组织共同关心的问题。

在全球化时代，世界教育改革与发展进入一个互学互鉴的时代。我国的教育改革与发展的核心是建立高质量教育体系，实现教育高质量发展。这是一项前所未有的改革任务，迫切需要建立中国特色的教育现代化理论体系，探索中国式教育现代化的发展道路。这要求我们既要立足我国传统的文化传统、教育理论和我国的现实国情，总结我国教育发展的经验，也要研究世界教育理论发展前沿、教育改革发展的趋势和经验教训，为我国教育改革与发展提供借鉴。

　　正是在这种背景下，北京师范大学国际与比较教育研究院组织出版了"国际与比较教育研究丛书"。该丛书主要收纳教育部人文社会科学重点研究基地北京师范大学国际与比较教育研究院和教育部国别和区域研究基地北京师范大学国际教育研究中心的研究成果，同时也对国内外国际与比较教育学者开放，力求反映世界教育理论发展的最新成果、世界教育改革与发展的最新动态，并在世界教育改革与发展的大背景下审视我国教育的改革与发展，为我国教育改革与发展提供借鉴。在丛书出版过程中，人民出版社给予了大力支持，特别是王萍女士付出了大量的心血，在此谨致以衷心的感谢。

北京师范大学国际与比较教育研究院

刘宝存

2021 年 12 月

目　录

前　言...1

第一章　法国基础教育...1

　　第一节　学前教育概况及改革要点...4

　　第二节　小学教育概况及改革要点...8

　　第三节　中等教育改革及改革要点...15

　　第四节　2016—2020 年基础教育专项治理.................................25

　　第五节　法国中小学教材建设...47

　　第六节　法国 STEM 教育...70

　　第七节　法国中小学国家安全教育...88

　　第八节　法国中小学艺术与文化教育...95

第二章　法国高等教育...105

　　第一节　概　况...105

　　第二节　卓越大学计划与高校合并重组.......................................112

　　第三节　大学招生制度改革...115

　　第四节　欧洲高等教育一体化建设...125

　　第五节　大学数字化发展...132

　　第六节　青年就业政策改革...135

第三章　法国教育政策文献节选 139

　　第一节　艺术与文化教育宪章（2016） 139

　　第二节　创新的数字学校和农村计划（2017） 140

　　第三节　创新的数字学校和农村计划（2018） 147

　　第四节　基于信任的学校法（2019） 153

　　第五节　数字化校园（2020） 168

前　言

　　法国是世界上最发达的工业国家之一，是全球第七大经济体。法国也是联合国常任理事国、欧盟创始国和北约成员国，是联合国教科文组织、经合组织、欧洲议会等重要国际组织和地区组织总部所在地。法国文化历史悠久、蕴含丰富，在相当长时间内是欧洲乃至整个西方的文化中心。一直以来，法国都是比较教育重要的研究对象国。

　　对法国的追踪研究之必要性毋庸置疑，在教育领域有《今日法国教育》（张保庆，高如峰，1986）、《战后法国教育研究》（邢克超，1993）、《法国教育》（邢克超，李兴业，2000）、《法国教育研究》（王文新，2011）等著作，是开展法国教育研究的重要参考。但21世纪以来，能够持续追踪法国教育的著作则凤毛麟角。本书作者也参与过《国际教育政策与发展趋势年度报告》等丛书的编写，此类文献更倾向于建设法国的政策数据库，对问题的分析深度则略显不足。本书以法国教育为单行本，旨在为对法国教育和比较教育感兴趣的理论工作者和师生提供较为完整的知识结构和指引。全书按照教育的分级分类，细致描述并分析了5年间（2016—2020）法国教育改革的意图、政策、举措及成效，同时特别补充了中小学教材建设、中小学国家安全教育、中小学STEM教育等前期研究尚有空白或不足的专题。

　　从事本书写作的作者，主要来自北京师范大学国际与比较教育研究院的师生。整体篇章设计，主要篇章的写作以及统稿工作由刘敏和周政完成。另外感谢姚莘依执笔第一章第五节，苏厚泽执笔第一章第六节、第七节，狄鹤参与了部分文献的翻译工作。

　　本书作者虽然一直从事法国教育的研究，但是细致全面地观察法国教育，追踪梳理各级各类教育的最新动态，仍是一项复杂而艰巨的工作，因此疏漏讹误之处在所难免。各章节执笔者对法国教育本身理解角度各有不同，叙述风格上亦有所差异，细心的读者也会察觉到。研究团队希望能够持续发力，持之以恒，长期追踪观察法国教育发展，因此希望各位读者不吝赐教，督促后续《法国教育观察》的研究和撰写工作日臻完善。

刘　敏

于北京

第一章　法国基础教育

　　现行法国的基础教育制度主要包括：学前教育（幼儿教育）、小学教育、初中教育和高中教育（含中等职业教育）（见图 1–1）。3—16 岁为义务教育。学前教育 3 年，小学教育学制 5 年，初中学制为 4 年，高中学制为 3 年。从学前到初中毕业，每 3 年作为一个阶段（cycle），包括初始阶段（幼儿园）、基础阶段（小学 1—3 年级）、巩固阶段（小学 4 年级—初一），加深阶段（初中 2—4 年级）。

　　据官方统计，2019—2020 学年，法国初等教育学生注册人数为 667.7 万，中等教育学生注册人数为 613.2 万。初等教育机构 49965 所，中等教育机构 11371 所。2020 年全国中小学教职人员约 120 万，其中初等教育阶段教师占 32%，中学教师约占 41%，其余为教辅人员。[①]

　　21 世纪以来，法国学生学业表现出下滑趋势，在多个国际测评中表现不佳。国际阅读素养进展研究项目（PIRLS）测试结果显示：2011—2016 年间，法国小学生阅读成绩下降了 9 分，2017 年发布的测试结果更是远低于经合组织国家和欧盟国家的平均水平，社会资源匮乏的教育优先区与普通地区成绩差异显著。2015 年国际数学与科学趋势研究项目（TIMSS）中，法国学生的成绩同样低于欧洲和国际平均水平，且成绩分布呈现出极高的异

---

① Le ministère de l'éducation nationale，de la jeunesse et des sports. *Repères et références statistiques 2021*，2021 年 9 月 1 日，见 https：//www.education.gouv.fr/reperes-et-references-statistiques-2021-308228。

	义务教育 (3-18岁)	Bac	学位阶段	综合性大学 Université (Bac+3-8年不等)	大学校 Grande École (Bac+5-7年不等)	高等专业学校 École Spécialisée (Bac+2-8年不等)	高中 Lycée Bac+3年
高中毕业会考+学习年限		Bac+8	博士阶段（博士学位 Doctorat）				
		Bac+7					
		Bac+6					
		Bac+5	硕士阶段（硕士学位 Master）				
		Bac+4					
		Bac+3					
		Bac+2	本科阶段（学士学位 Licence）		大学校预科班 CPGE		
		Bac+1					

	义务教育 (3-18岁)	年龄(岁)		普通高中教育 (Voie générale)	技术高中教育 (Voie technologique)	职业高中教育 (Voie professionnelle)	职业训练中心 (Centre de formation d'apprentis)
年龄(岁)		15-17	高中 (Lycée)				
		14	初中 (Collège)	初四年级 (3年级, Troisième)			
		13		初三年级 (4年级, Quatrième)			
		12		初二年级 (5年级, Cinquième)			
		11		初一年级 (6年级, Sixième)			
		10	小学 (École Primaire)	五年级 (中等级, CM2)			
		9		四年级 (中等级, CM1)			
		8		三年级 (初等级, CE2)			
		7		二年级 (初等级, CE1)			
		6		一年级 (预备班, CP)			
		5	幼儿园 (École Maternelle)	大班 (Grande section)			
		4		中班 (Moyenne section)			
		3		小班 (Petite section)			

图 1-1：法国现行学制

质性。2016 年法国教育评估与预测司针对 16—25 岁青年的阅读测试显示：22.5% 的青年不能有效率地阅读。2018 年经合组织开展的国际学生测评项目（PISA）中，法国学生的阅读、数学和科学素养结果虽略高于经合组织成员国的平均水平，却低于德国、英国等欧洲大国，同时法国还是社会经济地位与学生学业表现之间联系最为密切的国家之一，也就是说法国教育公平水平低。根据经合组织对参与学生开展的调查显示，处于家庭条件不利的高分学生中有 1/5 不期待能完成高等教育；另一方面，只有不到 2/5 的学生认为他们可以从老师那里获得反馈，而经合组织国家的平均比例接近 1/2。

2016 年是奥朗德政府执政的最后时期，政府继续沿着 2013 年发布的

《重建共和国学校法：方向与规划法》推进改革。发展的目标是建立公正的、高水平的、包容的学校，通过文化、艺术、体育教育传播法兰西共和国价值观。

2017年5月7日，法国大选落幕，年仅39岁的"前进"运动候选人埃曼纽尔·马克龙（Emmanuel Macron）当选为新一任法国总统。作为新生代政治家，马克龙一直将重振法国和欧洲视为己任，同时他延续了法国历届总统的传统，将教育与科技发展作为国家头等大事来抓。为实现自己的政治目标，马克龙就任后启用了原法国知名商学院 ESSEC 的校长让－米歇尔·布朗盖（Jean-Michel Blanquet）出任国民教育部部长，原法国尼斯大学校长弗雷德雷克·维达尔（Frédérique Vidal）出任高等教育与研究部部长。

总体而言，马克龙执政期间实行的教育改革以"稳中求进"为原则。在基础教育领域，新一届政府延续了《重建共和国学校法》的改革方向，通过加强督导和评估，对政策进行渐进式微调。公平与质量仍是改革的重要出发点：学前教育被纳入义务教育，在初中推广"在校完成作业"，增加在教育优先区的教师编制，在教育优先区推行小班化教学等措施都是为了进一步促进教育公平。另外，法国在中等教育阶段还积极推进数字化战略。2019年，在马克龙执政第三年，教育部预测与评估司开展了新一轮全国统一评估测试，各项改革已初现成效。2020年，突如其来的新冠肺炎疫情打破了正常的生产生活秩序，学校教育面临严峻挑战。法国教育部倡导"停课不停学"，积极组织开展线上授课、网上学习，各大出版社和在线教育平台也给予极大支持，提供了大量的免费教学资源。教育优先区的家庭也得到了政府额外的设备和教学资源支持。在疫情趋于平稳的情况下，教育部门及时调整学校的卫生防疫措施，通过一系列举措——"学习型假期"，提高教师的返校津贴与助学金额度等——促成学校教育尽快恢复正常秩序。

2019年国民议会表决通过《学校信任法》，这部法律成为指引法国教育改革的蓝本。法律旨在重建法国公民对本国教育体系的信任，改革的原则包含三个关键词，即共和国、卓越、仁爱。"共和国"是指确保每名学生在小学毕业后都能掌握基础知识，即阅读、写作、计算和以尊重他人为核心的社会能力；"卓越"是指每个学生都有属于自己的天赋，学校应该帮助他们找到并发展自己的天赋；"仁爱"是对"共和国"和"卓越"的补充，即鼓励每个学生选择个性化学业发展路径。

第一节　学前教育概况及改革要点

一、概况

法国学前教育起源于 18 世纪 60 年代，至今已有两百多年历史。1881 年 8 月 2 日法令规定，将幼儿园（Ecole Maternelle）正式确立为学前教育机构。第二次世界大战后，法国学前教育有了长足发展，3—5 岁儿童入学率达到 100%。2019 年 7 月，法国颁布法令，将义务教育起始年龄从 6 岁降至 3 岁，所有法国儿童必须在其 3 岁时登记入园，至此学前教育正式纳入了义务教育环节。

市镇负责举办幼儿园，办学的总体目标是保护儿童的安全感并培养其建立自信；形成办学特色并帮助儿童为基础学习作准备，特别是发展语言这一踏入学习和构建学习的基本要素；让儿童乐学，实现个体发展，学会共同生活。幼儿园分小班、中班、大班，每周在园 9 个半天，共 24 小时。教育工作主要围绕如下五项内容开展：全方位调动语言学习；通过体育活动开展行动、自我表达并促进理解；通过艺术活动开展行动、自我表达并促进理解；形成建构自己思想的早期工具；探索世界。

20 世纪 90 年代，法国开始实施幼小一体校办学新模式，其目的在于加强儿童初始教育的连续性，协调开展对每个儿童的能力评估。法国幼儿教师与小学教师同持有初等教育教师资格证，为促进幼小衔接提供了有力支持。根据国民教育部官方统计数据①，2020 年法国有公立幼儿园 13399 所，公立

---

① 　Le ministère de l'éducation nationale, de la jeunesse et des sports. *Repères et références statistiques 2021*，2021 年 9 月 1 日，见 https：//www.education.gouv.fr/reperes-et-references-statistiques-2021-308228。

小学共有 15411 所，公立幼小一体校共有 15452 所；私立幼儿园 45 所，私立小学 142 所，私立幼小一体校 4500 所。

二、2016—2020 年学前教育改革要点

法国政府素来重视儿童的早期教育，2013 年颁布的《重建共和国学校法》特别强调了开展学龄前儿童教育的重要性。2018 年以前，法国一直延续着 1882 年《费里法》（*Lois Ferry*）规定的 10 年义务教育年限，儿童 6 岁入小学，6 岁前儿童是否入园不具有强制性。2018 年 3 月 27 日，在法国国民教育部召开的学前教育大会上，总统马克龙宣布：从 2019 年秋季学期起，法国将学前教育纳入义务教育体系，将义务教育年限由此前的 10 年延长为 13 年。2019 年 2 月 19 日，法国国民议会投票通过了《基于信任的学校》草案（*Projet de Loi «Pour une école de la confiance»*），7 月 26 日正式出台了《基于信任的学校》法（*Loi n° 2019-791 du 26 juillet 2019 Pour une école de la confiance*）。该法第 2 章第 11 条规定："《教育法》第 L131–1 条第一款更改为'每个孩子必须接受教育的年龄为 3 至 16 岁'。"时任教育部部长布朗盖认为这一做法具有"象征意义"，它将为法国政府实施"真正的幼儿教育公共政策"的行动释放出积极信号。布朗盖指出，这一举措旨在有效降低 3—6 岁儿童之间语言教育方面的不平等，并使幼儿享受基础教育学习的乐趣。①幼儿园阶段教育既传授给了学生最初的知识和教育，同时也是确保其未来学习阶段正确价值观建立的关键时期。②

事实上，将学前教育纳入义务教育的改革对于法国政府来说是一项循序渐进、水到渠成的改革。一方面，法国学前教育一直以来实行免费原则；另一方面，法国 3 岁儿童入园率一直很高，根据 2016 年教育部统计

---

① 王娟、路贺文、杨进：《倡导教育机会平等，促进社会公平》，《法国教育通讯》2019 年第 17 期。

② Le ministère de l'éducation nationale，de la jeunesse et des sports. *Circulaire de rentrée 2019：les priorités pour l'école primaire*，2019 年 5 月 28 日，见 https://www.education.gouv.fr/cid142412/la-circulaire-de-rentree-2019-au-bulletin-officiel.html。

数据显示，法国全国 3 岁儿童入园率已达到 97.6%（剩余 2.4% 中包含残疾儿童）。

在通过法律保障 3 岁儿童入园的基础上，法国政府转而关注 3 岁前儿童的早期教育干预。早期儿童教育被视为促进教育公平、提高学生学业成功率的重要手段之一，特别是针对生活在偏远地区或社会、经济条件较差地区的学生。此外，对于大多数儿童而言，学校生活是其成长过程中最初的教育与集体体验，3 岁以下儿童就学能够以合适的成长环境更好地满足孩子的个人生长需求，同时也为其家庭提供了较大便利。

2016 年秋季开学，为了促进 3 岁以下儿童入学，特别是教育优先区低龄儿童就学，法国教育部、法国家庭补助局（Caisses d'allocations familiales，CAF）以及其他社会部门投入了大量人力物力，向家长宣传儿童低龄就学的优点：幼儿园教育有助于儿童的情感、社会、感官、运动神经及认知发展；幼儿园中教师帮助儿童建立标准法语的口语语言结构，也可引导儿童探索法语的书写，由此能够有效预防儿童在后期义务教育阶段可能的学业困难。教育部与家庭、儿童和妇女权利部共同合作，行动主要涉及向家庭社会救助金申请家庭、农业社会保险投保者发送邮件信息：偏远地区早期教育的可获取性及幼儿园当前多语言环境的可实现性。两个部门还制作了宣传视频，描述了 4 位母亲所见证的子女在幼儿园的日常生活，记录了幼儿园的社会、文化与语言环境，试图消除家长们的顾虑。对于适应有困难的儿童，比如移民家庭子女，家长还可以选择在幼儿园陪伴儿童，直至儿童度过适应期，完全接受全新的生活节奏与游艺活动为止。幼儿园的时间安排灵活，日程安排将结合教育与游戏娱乐，提供丰富的玩具、恰当的语言学习、适合儿童年龄阶段的游戏、与其他儿童相处的集体环境，促进儿童专注力、语言、身体、智力与认知发展。

政府提倡儿童的早期教育，主要关注的是在经济、社会条件较差的教育优先区开展早期教育。教育部指出，教育不公平发生在比人们预期的更为早期的时间里，社会底层的 3 岁儿童所掌握的词汇量仅为富裕阶层儿童的三分之一。① 法国的学前教育有着优秀的传统，幼儿园入学率位于世界前列，其教育模式也是很多国家效仿的范本。法国有充沛的条件将学前教育扩展至 2 岁的低龄儿童，为教育优先区的儿童提供更好的成长环境。幼儿园的资金财政为市镇提供，教育课程由学区—地方负责，低龄儿童教育的督学参与制定，幼儿园从内部装潢、设施配备、幼师培训、日程安排上，都将保障为低龄幼儿提供适合其年龄的成长环境，家长也可随时参与监督。法国是经济发展与合作组织（OECD）国家中社会阶层的代际复制最为明显的国家之一，为社会底层出身的儿童提供更为早期的教育，将有助于改善其成长环境，此举被视为减小教育不公平、促进机会平等的有力措施。

时任教育部部长布朗盖表示，学前教育是法国的一大特色，法国人一直保持着重视学前教育的优秀传统。诸多研究调查表明，0—5 岁是儿童的智力、认知能力的关键发展期。幼儿园阶段的学习能够帮助每个儿童更好地掌握语言，健康成长，从而提高其未来的学业成绩和就业能力。同时这一政策也呼应了法国国民教育部此前提出的打好阅读基础、实现更好的幼小衔接等改革方向。2018 年法国政府投入了 12.4 亿欧元用于托儿所和幼儿园的建设，并计划在未来培养 60 万名幼儿教师，创新家长支持政策，在优先地区建立 300 个社会中心。②

---

① Le ministère de l'éducation nationale, de la jeunesse et des sports, *Réussir le développement de la scolarisation des enfants de moins de 3 ans*，2016 年 4 月 4 日，见 http://www.education.gouv.fr/cid100762/reussir-le-developpement-de-la-scolarisation-des-enfants-de-moins-de-3-ans.html。

② Ministère des Solidarités et de la Santé, *Engagement n°1 : L'égalité des chances dès les premiers pas pour rompre la reproduction de la pauvreté*，2018 年 9 月 12 日，见 https://solidarites-sante.gouv.fr/affaires-sociales/lutte-contre-l-exclusion/investir-dans-les-solidarites/les-5-engagements-de-la-strategie-pauvrete/article/engagement-no-1-l-egalite-des-chances-des-les-premiers-pas-pour-rompre-la。

第二节　小学教育概况及改革要点

一、概况

法国小学（Ecole Primaire）招收 6—11 岁儿童，实行就近入学，采取全科教学。小学每学年至少 36 周，分为三个学期。开学和学期结束的日期由学区自主确定。法国政府曾在 2008 年调整过一次周课时，将原来的每周 26 小时减少到每周 24 小时。

小学一至三年级是第二学段，被称为基础学习阶段，共有 8 门必修科目，小学一至三年级科目设置保持一致，要开始学习现代语言（包括外语和地方语），接受探寻世界的教育、艺术教育（美术和音乐）、体育教育以及公民与道德教育。小学四年级起到初一年级是第三学段，被称为知识巩固阶段，科目数增至 10 门，学生在巩固学习前一个学习阶段的基础上，增设"艺术史""历史—地理"和"科学与技术"3 门课程，取消了"询问世界"，小学四至五年级科目设置保持一致。法国小学实行"全科教学"，在整个学年中，孩子们在同一间教室学习所有课程。通常，每个班级只有 1—2 位教师[①]负责所有学科。学校会考虑学生的多样性和能力的多元性，除推理和认知反思能力之外，还注重发展学生的感觉观察、尝试实验，敏感度、运动技能、创造性想象力等。整体上看，法国小学阶段教育突出"强化基础"，强调学生学会"读、写、算和尊重他人"。2017 年，法国国民教育部提出"一年级 100% 成功"计划，强调小学入学年不让一个孩子掉队。

表 1-1　法国小学课程设置

年级	科目
小学一年级	法语、现代语言、造型艺术、音乐教育、体育、公民与道德教育、询问世界、数学

---

① 小学教师在培训时便已然接受了"全科培训"，成为"全科教师"。

年级	科目
小学二年级	法语、现代语言、造型艺术、音乐教育、体育、公民与道德教育、询问世界、数学
小学三年级	法语、现代语言、造型艺术、音乐教育、体育、公民与道德教育、询问世界、数学
小学四年级	法语、现代语言、造型艺术、音乐教育、艺术史、体育、公民与道德教育、历史—地理、科学与技术、数学
小学五年级	法语、现代语言、造型艺术、音乐教育、艺术史、体育、公民与道德教育、历史—地理、科学与技术、数学

二、2016—2020 年小学教育改革要点

(一) 开展全国统一学生学业评估

法国基础教育开展评估监测已有多年的历史。在法国基础教育评价体系中"分数、排名、升学率"等概念相对淡化。法国教育界普遍认为考试的目的为了了解学生掌握的知识情况，以便于教师调整教学方法，政府优化教育政策。形成该教育评价体系的基本思想是：教育最根本的目的为让每位青少年筑牢"知识、能力和文化的共同基础"（Socle Commun des Compétences et des Connaissances，以下简称"共同基础"）①，形成正确的价值观，使他们获得学业成功，个人得到全面发展，成为一名能融入社会的公民。总而言之，

---

① "共同基础"是法国义务教育目标框架，最早出台于 2006 年。共同基础面向 6—16 岁的儿童和青少年，贯穿了义务教育的不同阶段：基础学习阶段（小学 1—3 年级）；巩固阶段（小学 4—5 年级，初中 1 年级）；深入阶段（初中 2—4 年级），它不仅规定了学生应该具有的认知能力和知识结构，还包含对价值观、知识技能、语言和实践能力的总体要求，强调挖掘学校在培养自治的现代公民方面的职能，促进学生的全面发展。共同基础要求的知识的掌握是要接受国家的检验的，如果学生在初中的最后一年没有能够达到要求并获取相关凭证，则学校要为学生提供继续接受相关培训的方案和培训后的考核方案。在掌握共同基础的每个阶段结束时，这种渐进性的掌握都会受到检验，评估只是为了监测学生的学习效果，并不会影响到他们的正常升学。因此，共同基础的学习程度的评估要具有连续性，在每个阶段的计划的基础上提出接受每个阶段培训后的期望和目标。2015 年，法国对"共同基础"进行了更新。

法国教育评价体系主要发挥着"引导"和"促进"作用，即通过教育评估，引导教师更好地开展教学，学生更好地全面成长，促进整个教育体制朝着健康的方向发展。①

2018 年 9 月，国民教育部顶住各方压力推行一项考试改革，即全法一、二年级学生参加全国统一考试，对小学生的法语和数学知识进行摸底评估，但是不公布考试成绩，也不根据考试成绩对学生、学校或老师进行排名。时任部长布朗盖指出，法国 2018 年 PISA 测试的结果不够令人满意，法国将花大力气增加对基础教育的投入以提升教育公平和质量，"大家面对考试总是很焦虑，认为考试就是监测和惩罚，但是我们开展考试，实际是为了让每一位学生取得更大的进步"②。全国统一测试评估采用后台统一记录结果并与教师分享，即每位教师可以收到负责班级中每位学生的评估结果信息，作为对学生日常课堂表现的补充，进一步了解学生在学习方面的欠缺和需求。此外，教师需要将评估结果分别与家长分享并作必要解释，以便家长和教师之间建立起紧密的联系和信任，促进家庭、学校、教师多方共同努力帮助学生成长。③ OECD 教育分析师鲍琳·吉沃尔德（Pauline Givord）指出，根据 PISA 的测评结果，在对消除教育不平等取得成效的国家，诸如芬兰、爱沙尼亚、爱尔兰、加拿大等国家进行分析后，"大量投入初等教育是其共同趋势"，从这一角度上看，法国的做法似乎也没有偏离。④ 国民教育部科学委员会成员弗朗克·拉缪斯（Franck Ramus）表示："举行全国统一考试并不是为了对学生或学校进行比较排名，而是为了更好地了解小学生的认知能力，从而促进教师选择更加合适的教学方法，使政府改进和采纳更加合理的教育政策。"全国测评遭到了教师工会和部分家长们的反对，他们主要担心

---

①　许浙景、杨进：《法国基础教育评价体系探析及启示》，《法国教育通讯》2019 年第 11 期。

②　许浙景、杨进：《法国基础教育评价体系探析及启示》，《法国教育通讯》2019 年第 11 期。

③　Le ministère de l'éducation nationale, de la jeunesse et des sports, *Évaluer en milieu d'année au CP：un point d'étape vers la réussite*, 2020 年 9 月 1 日，见 https：//eduscol.education.fr/cid136874/evaluation-de-milieu-d-annee-au-cp-un-point-d-etape-vers-la-reussite.html。

④　刘敏、周政：《法国：进一步关注教育公平问题》，《中国教育报》2019 年 12 月 13 日。

隐形排名对教师和学生产生不良压力。

2019 年 1 月 21 日至 2 月 1 日，法国国民教育部组织对全法小学一年级学生进行期中统一评估，评估内容包括小学生的法语和数学基础知识能力，法语水平评估包括口语、书写、字母认知、发音、听力和朗读，数学水平评估包括数字、计算加减法。2019 年 9 月 16 日至 27 日，国民教育部组织对全法小学一年级和二年级学生进行全国统一的法语和数学考试，利用新学期开学之际，对小学生掌握的知识情况进行摸底调查。

（二）在教育优先区的小学低年级实施"小班教学"

教育不公平和学业失败是导致法国民众对学校失去信心的重要因素之一。马克龙政府认为，应对教育不公平和学业失败需要从源头抓起，即从孩子学业初期学习基础知识时抓起，关注低年级最弱势的学生。研究表明，减少班级规模有助于提高弱势学生的学业成绩：班级人数少于 20 人有助于提高学生的学业成绩，班级人数减半将非常有助于减少学生的学业困难。马克龙曾在竞选时承诺要从低年级入手应对学业失败问题，同时也要给最弱势的学生群体提供帮助。这项承诺的具体落实办法就是逐步将教育优先区小学一、二年级的班级人数减半。

2017 年新学期，该措施将率先在重点教育优先区的小学一年级实施，其总体目标是让所有小学一年级学生都能获得学业成功：确保每一个学生都能掌握扎实的基础知识（读、写、算、尊重他人）。2018 年新学期，该举措将推广到重点教育优先区的小学二年级和教育优先区的小学一、二年级。该措施将在近 2500 个班级实行，需增加 2500 个教师岗位。这是自 1981 年教育优先区制度建立以来，最重大的教育优先政策改革。在具体实施层面，教育部将尊重地方政府的选择，在地方政府允许的情况下，将重点教育优先区的小学一年级班级人数减少一半；在地方政府不允许的情况下，将实施"一个班级两名老师"的政策；在条件较成熟的地区，可以同时在重点教育优先区和教育优先区推行该政策。

这一政策的出处其实可以追溯至 10 年前，法国政府智库——蒙田学院（Institut Montaigne）曾建议，大幅削减班级容量可显著提高学习质量与持续性。然而，实施这一想法的经济成本是巨大的，往届政府也规避了该建议。2011 年，学者帕斯卡·布莱苏（Pacscal Bressoux）与罗兰·利马（Laurent Lima）在法国 100 所教育优先区的学校进行减小班级规模的实验，降低学业困难学生比例的成效显著。作为前经济部部长出身的马克龙总统也是该想法的有力支持者。从人力资本的角度出发，小学教育经费的回报率远高于中等教育，教育部由此也将小学教育视为提高法国基础教育表现的工作重点。

"小班教学"政策的推行得到了教师工会的认可与支持。根据教育部的毕业生成绩评估，超过 20% 的小学毕业生尚未达到书写与计算基础能力标准，其中社会经济资源匮乏地区的学生不达标率更高，均衡教育资源的举措刻不容缓。随着班级规模减小，12 名学生的教室意味着教师在维护课堂纪律上的时间将相应减少，教师有更大的空间，与学生的互动时间与频率也将成倍增加。教师将有可能将更多的时间与注意力放在小学教育的基础核心——读、写、计算、尊重他人，以促进每一位学生的成功。为了辅助教师完成教学方式的过渡，法国教育部开展了多项教师培训，以化解教师"小班教学"中可能遇到的困境。① 当然，该政策的推行并不意味着取消前任政府"教师人数多于班级数量"（plus de maîtres que de classes）的举措，该措施将在重点教育优先区之外的小学一、二年级继续推行。

2019 年 1 月 24 日，国民教育部公布了针对小班额政策的评估结果，总体而言结果算非常积极的，具体如下：（1）该项政策的受益学生与非受益学生相比，学习成绩获得显著进步。2000 名在法语学科上和 3000 名在数学学科上有学习困难的学生通过该项目弥补了学习差距；（2）超过 98% 的教师认为他们能更好地考虑学生的学习需求并进行有效回应；（3）超过 80% 的教师认为他们能够更高效地营造良好的课堂环境。② 2019 年 9 月，国民教育部在政府公报中提出，计划增设 2300 个教职用于减少教育优先区的班额，

---

① 张自然：《法国新政府重树"信任学校"》，《上海教育》2018 年第 1 期。

② Rédaction Weka, *Dédoublement des CP：le gouvernement se félicite d'une première évaluation positive*, 2019 年 1 月 29 日，见 https://www.weka.fr/actualite/education/article/dedoublement-des-cp-le-gouvernement-se-felicite-dune-premiere-evaluation-positive-77770/。

并希望从 2020 年开始，将幼儿园班级也纳入小班教学当中。[①]

2019 年 11 月 3 日，时任国民教育部部长布朗盖在接受采访时指出，政府实行的小学一年级和二年级班额减半的措施取得了明显成果，最近的一次全国小学生学习能力测验显示，低年级小学生学习力明显提升。其中，小学一年级学生的数学成绩进步最为明显：87.7% 的学生能够写出全部数字，比 2018 年进步了 5 个百分点。在法语学习方面，84% 的学生能够听懂教师朗读的句子，比此前增加了 1.9%；59% 可以拼读法语单词和句子。由于一年级小学生开学之初在词汇、表达等方面差异较大，这是一个不平等的开端，随着学习的深入，差别可能随之加剧，因此国民教育部今后将对幼儿园的大班儿童加强学习能力的培养。二年级学生法语进步最明显：72.5% 能够拼读单词，比此前增加了 4.2%；82.5% 能够写出简单单词，比此前增加了 3%；82.4% 听得懂教师朗读的句子。在数学方面，除了数字书写能力和心算能力退步之外，学生几乎在所有其他方面都有进步，如加减法等。布朗盖强调，这些进步可以提升教育界信心，说明法国教育可以确保所有小孩的学业成功，这和法国教育改革的宗旨和目标相符，可以促进教育总体水平的提升，使整个社会更加公平公正。[②] 到 2020 年，减小班额的政策还将在全法范围内进一步推广。据报告显示，目前在所有幼儿园大班及小学一、二年级班级中，超过 24 人的班级有 52800 个，占这一阶段班级总数的 38%。法国将通过新建 3000—5000 个班级来减少大班额现象，预计该政策将于 2020 年启动，在 2022 年完成，涉及全法近 140 万学生。其中，幼儿园大班占 58%，小学一年级班级占 24%，二年级班级占 43%。[③]

---

① 王娟、路贺文、杨进：《倡导教育机会平等，促进社会公平》，《法国教育通讯》2019 年第 17 期。

② Challenges.fr, *Nous vivons un moment historique pour l'école*, 2019 年 11 月 3 日， 见 https://www.challenges.fr/education/nous-vivons-un-moment-historique-pour-l-ecole-affirme-jean-michel-blanquer_682943。

③ Le ministère de l'éducation nationale, de la jeunesse et des sports, *Grand débat national: priorité renforcée à l'école primaire*, 2020 年 6 月 1 日，见 https://www.education.gouv.fr/grand-debat-national-priorite-renforcee-l-ecole-primaire-12005。

（三）调整小学作息安排

学生的作息时间安排是学校管理的重要方面之一，作息时间是否科学合理直接影响到学生的身体健康和学习效率。如何调整学校作息时间以实现教学效益的最大化，是教育研究者与实践者都十分重视的课题。马克龙在竞选期间就曾提出改革现有的学校作息制度，使其更加灵活。首要目标就是让一线教职人员能够更加灵活地安排学校活动，让新作息制度更符合孩子生理规律，并能更好地满足地方需求。

2013 年，法国国民教育部曾建议学区将小学的 24 周学时安排在 4 天半，即周一、二、四、五每天上课时间不超过 5 个半小时，周三上午上课不超过 3 个半小时，午间休息不少于 1 个半小时。2017 年起，新的作息制度重回 4 天上课制度，并在政府认可的改革学区的市镇试点。2018 年新学期起，除特殊理由，非经批准，公立小学重回 4 天上课作息制度。

为配合改革，2018 年 6 月 20 日，时任教育部长布朗盖、文化部长弗朗索瓦兹·妮桑（Françoise Nyssen）、体育部长洛拉·弗蕾赛勒（Laura Flessel）共同宣布自 2018 年 9 月起，为全法幼儿园儿童和小学生提供优质的"周三计划"（Le Plan mercredi）课后兴趣活动。随着越来越多的幼儿园和小学实行周三全天放假制度，为减轻家庭周三照看孩子的负担，并为提高现有的课后兴趣活动质量，市政府将牵头组织高质量的文化、艺术、体育类课后兴趣活动，使更多孩子参与其中，激发兴趣，促进其更好地学习以及身心全面健康发展。①

"周三计划"面向全体幼儿园在园儿童和小学一至四年级学生，包括残疾孩子。根据孩子们的兴趣，鼓励利用本地文化机构（图书馆、博物馆、音乐厅、剧院等）、自然景点（公园、花园、教学农场）、体育协会以及民间教育机构等资源，为孩子们举办高质量的文化、艺术、体育、手工类兴趣活动项目。兴趣活动内容需与孩子们上课学习内容相结合，主要目的是为促进孩子们更好地学习。整体项目经费来源由国家、法国国家家庭补助金管理中心

---

① 许浙景、杨进：《国民教育部、文化部、体育部共同发起"周三计划"兴趣活动项目》，《法国教育通讯》2018 年第 7 期。

（CAF）、市镇政府共同投入，也可请相关社会机构给予支持。优质的兴趣活动项目将被授予"周三计划"的标签，其所获得的法国国家家庭补助金管理中心对活动的补贴经费将翻一倍，达到 1 欧元 / 小时 / 学生。①

第三节　中等教育改革及改革要点

一、概况

（一）初中（Collège）

法国哈比教育改革后，统一初中成为地方公共教育机构，属于义务教育阶段。

根据法国国民教育部官方统计数据②，法国共有初中 5294 所，私立初中 1660 所（2020 年)③。法国所有私立学校都受教育部监管，以保障国家教育目标的实现。大部分私立学校还会与国民教育部签约，接受国家资助并按照公立学校办学规则办学。

初一年级是第三学习阶段的最后一年，其目标就是巩固第二阶段所学，顺利实现小初衔接。随后的初中三年为第四学习阶段，第四学段被称为深化学习阶段，与前一阶段衔接紧密，因而从课程设置上来看变动不大，这个阶段学生处于身心快速发展的青春期，教育既强调让学生遵守规则以融入共同文化，又强调培养个性。学校开展体育、艺术、文化、公民道德相关的教育，通过学科和跨学科活动，让学生在一种信任的环境中实现和谐发展，调整面对自我及与他人之间的关系。学生还要掌握多媒体和网络，了解其数字

---

① Le ministère de l'éducation nationale, de la jeunesse et des sports, *Plan mercredi*：*une ambition éducative pour tous les enfants*，2020 年 6 月 1 日，见 https：//www.education.gouv. fr/plan-mercredi-une-ambition-educative-pour-tous-les-enfants-5402。

② Le ministère de l'éducation nationale, de la jeunesse et des sports. *Repères et références statistiques 2021*，2021 年 9 月 1 日，见 https：//www.education.gouv.fr/reperes-et-references-statistiques-2021-308228。

③ 中等教育学校统计数据不包含特殊教育的培智学校数量。

身份相关的责任与权利，既能够看到知识的历史维度，又能够面对当今世界带来的技术的、社会的、环境的挑战；能够掌握抽象和建模工具，发展批判性思维。培养学生的创造力贯穿各个学习阶段。通过开展校内外活动，特别是公民与道德教育课，鼓励学生勤于思考、勇于担责、善于合作。

初四年级，学生和家长会根据教师给出的学业表现评估以及个人志向选择进入普通高中、技术高中或职业高中，这一过程被称为"定向"（Orientation）。初中毕业前需完成三门考试，分别是口试（测试学生口语表达能力）、综合文科（法语、历史—地理、道德与公民教育等）、综合理科（数学、生命与地球科学、物理—化学等），考试合格可以获得初中阶段证书（Brevet），但不作为进入高中的依据。

初中实行分科教学。根据 2017 年 7 月教育部对初中教学组织的修订，初中每周 26 小时必修课，包含公共课程（初一年级每周 23 小时，初二年级到初四年级每周 22 小时）和补充课程（初一年级每周 3 小时，初二年级到初四年级每周 4 小时），公共课程有法语、数学、历史、地理、公民教育、现代外语、艺术、体育等，补充课程包括个性化学习和跨学科学习。

初一包含 10 门必修科目和 2 门选修科目，相较小学五年级仅增设了选修部分，起到了良好的过渡作用。初二包含 14 门必修科目和 3 门选修科目，必修科目中取消了"科学与技术"，并将原属其下的"生命与地球科学""物理—化学"和"技术"等 3 个科目作为必修，新增了"传媒与信息教育"和初一的选修科目"第二外语或方言"，选修科目中则增补了"欧洲语言和文化"和"古代语言和文化"。初三和初四的科目设置相较初二并无变化，但每学年分别有 12 小时和 36 小时的学业规划和分流指导课。

表 1-2　法国初中课程设置

年级		科目
初一	必修科目	法语、现代语言、造型艺术、音乐教育、艺术史、体育、公民与道德教育、历史—地理、科学与技术（包含生命与地球科学、物理—化学和技术）、数学
	选修科目	第二外语或方言、地方语言和文化

年级		科目
初二	必修科目	法语、现代语言、造型艺术、音乐教育、艺术史、体育、公民与道德教育、历史—地理、物理—化学、生命与地球科学、技术、数学、传媒与信息教育、第二外语或方言
	选修科目	地方语言和文化、欧洲语言和文化、古代语言和文化
初三	必修科目	法语、现代语言、造型艺术、音乐教育、艺术史、体育、公民与道德教育、历史—地理、物理—化学、生命与地球科学、技术、数学、传媒与信息教育、第二外语或方言
	选修科目	地方语言和文化、欧洲语言和文化、古代语言和文化
初四	必修科目	法语、现代语言、造型艺术、音乐教育、艺术史、体育、公民与道德教育、历史—地理、物理—化学、生命与地球科学、技术、数学、传媒与信息教育、第二外语或方言
	选修科目	地方语言和文化、欧洲语言和文化、古代语言和文化

（二）普通高中与技术高中（Lycée d'Enseignement Général et Technologique）

初中毕业后，学生可在普通高中、技术高中或职业高中继续学业，学制三年。根据法国国民教育部官方统计数据①，2020年法国有公立普通和技术高中1624所，私立普通和技术高中875所。

普通高中高一学年为基础教育学年，学生需要学习的科目非常多，包括必修和选修两个部分。高一必修科目共11门，选修科目共6门，课业较为繁重。升入高二后，除了7门公共必修科目以外，学生可以在全部11门专业课程中根据自己的兴趣爱好，结合个人发展规划任意选择三门专业课。选修科目则不做要求，可在6门科目中选择1门。高三的公共必修科目与高二相比没有什么太大变化，但一般在高二学期末会提前进行法语会考，因此在高三阶段将不会再安排法语课程，必修科目减少到了6门（见表1-3）。经过高二一学年的学习后，学生也需要决定选择哪两门专业课程在高三进行

---

① Le ministère de l'éducation nationale，de la jeunesse et des sports. *Repères et références statistiques 2021*，2021年9月1日，见 https：//www.education.gouv.fr/reperes-et-references-statistiques-2021-308228。

更加深入的学习，这也就意味着选择哪两门专业课程参加最后的毕业会考。选修科目同样不作要求，可在 3 门中选择 1 门。

表 1–3　法国高中课程设置

年级	科目		
高一	必修科目		法语、历史—地理、第一外语、第二外语或方言、数学、物理—化学、生命与地球科学、体育、公民教育、经济与社会、数字科学与技术
	选修科目		杂技艺术、体育、第三外语或方言、古代语言和文化（拉丁语或希腊语）、艺术、生态—农业—地域—可持续发展
高二	必修科目	公共必修	法语、哲学、科学、历史—地理、公民教育、第一外语与第二外语、体育
		专业必修	艺术、生态—农业—地域、历史—地理—地缘政治、文学—哲学、语言—外国文学、数学、数字与信息科学、物理—化学、生命与地球科学、社会与经济、工程科学（任选 3 门）
	选修科目		艺术、第三外语、古代语言与文化、专业数学、数学、体育（不作要求，最多选择 1 门）
高三	必修科目	公共必修	哲学、科学、历史—地理、公民教育、第一外语与第二外语、体育
		专业必修	在高二选择的 3 门中任选 2 门
	选修科目		专业数学、数学、体育（不作要求，最多选 1 门）

2018 年 2 月，教育部着手高中教育改革，并于 2019 年新学期起执行。2019 年起高中实行新的教学大纲，高中教育的目标是：巩固初中所学，扎实地传播学科知识，促进学生的智力发展；建构一种共同的文学、历史、人文和科学文化，为学生理解其所处的世界打开一扇门；在理论概念的基础上学习科学知识、科学推理；激发学生的创造力，帮助学生建构严谨推理的能力，锻炼学生的批判性思维，巩固公民教育，让学生了解其责任和义务，成为负责任和自由的公民；通过现代语言学习，巩固学生沟通表达能力，加深其对所学语言相关的文化和地理知识的认识；高一年级开展通用经济社会学科的学习，二三年级进入专业学习，通过微观经济学方法的学习理解经济规

则；学习数字科学的概念与方法；通过"人文、文学与历史""历史、地缘政治学、政治学"等跨学科教学建立学生理解当代世界的交叉视角；通过辩论实践发展学生掌握语言及口语表达的能力。

新高中一年级入学开展数学和英语学科上机摸底测试，通用课程包括必修课和选修课，面向所有普通和技术高中学生，其中必修课每周 26.5 小时①，此外每年还有 72 小时个性化辅导课和 54 小时的方向指导课。第一年结束时学生选择进入普通高中或是技术高中，二三年级不再分成文科（L）、理科（S）和社会经济科（ES），高二和高三年级分别选择 3 门（每门每周 4 小时）和 2 门专业课（每门每周 6 小时）学习。1808 年拿破仑建立的高中毕业会考（BAC，一译"业士学位考试"）是延续至今的高中教育考试制度。改革后，2021 届高中毕业会考也不再分科，学生会考成绩包含平时成绩和科目终结考试成绩。

技术高中的目标是进入高级技术员班（STS）或大学技术学院（IUT），进入高二年级学生会选择 8 个专业方向，对应不同的会考科目：STMG 类（管理科学类）、ST2S 类（健康和社会科学与技术）、STHR 类（酒店管理）、STI2D 类（工业与可持续发展科学技术）、S2TMD 类（音乐与舞蹈技巧）、STL 类（实验室科技类）、STD2A 类（应用技术与设计类）、STAV 类（农学和生命科学与技术）。

（三）职业高中（Lycée Professionnel）

根据法国国民教育部官方统计数据②，法国有公立职业高中 800 所，私

---

① 一年级必修课包含法语、历史—地理、一外和二外、经济社会科学、数学、物理—化学、生物与地球科学、体育、道德与公民教育、信息技术；二年级必修课为法语、历史—地理、现代外语 A 和现代外语 B、科学、体育、公民与道德教育；三年级必修课为哲学、历史—地理、现代外语 A 和现代外语 B、科学、体育、公民与道德教育。一年级选修课包含科学技术（工程科学、实验室科学等）、文学（古代语言与文化、拉丁语、第三外语等）、艺术（雕塑、音乐等）三个方向的课程可选。

② Le ministère de l'éducation nationale, de la jeunesse et des sports. *Repères et références statistiques 2021*，2021 年 9 月 1 日，见 https://www.education.gouv.fr/reperes-et-references-statistiques-2021-308228。

立职业高中 347 所（2020）。法国职业高中课程专业性较强，但仍然体现与普通教育结合的特点，法语、数学、历史—地理、科学、英语作为通识科目具有重要地位，另外 40%—60% 的课程为技术和职业类课程，需要在工厂、实验室等现场学习。

最早的职业教育基础文凭是 1911 年设立的职业能力证书（CAP），学制两年，涵盖贸易、服务业等 200 多个专业。学生在两年学习期满后，如通过理论和实践考试可获得该证书进入职场或继续深造。1967 年法国设立了职业学习证书（BEP），学制两年，以培养普通技术工人为目标，就业范围更广。1985 年法国开始设置职业高中毕业会考（BAC Pro），学生要在 75 个职业类别中择一完成三年学习，通过会考后可获得职业会考证书进入职场或选择进入高级技师班（BTS）深造。步入 21 世纪，法国企业对就业人员的技能和素质要求不断提高，为促进青年接受更专业、更有针对性的职业培训，法国政府不断调整职业高中教育，包括重新定义三种职业高中文凭：增加职业能力证书的数量并鼓励优秀的学生继续攻读职业高中会考课程（插入二年级）；将职业学习证书转为结业证书，作为职业会考的中间文凭；统一职业高中会考与普通和技术类高中会考的学习年限，统一为三年，从而提高职业高中会考的地位，促进普职融通；重新整合职业高中会考的专业门类，将过去 55 个门类整合为 14 大门类，每个门类下设若干专业，学生可以在职业高中第一年末改变入学时所选择同一门类下的专业，从而强化学生在不同职业岗位的转化融通能力。

二、2016—2020 年法国中等教育改革要点

（一）初中"在校完成作业"

家庭作业被视为造成学生学业分化的重要因素之一，法国社会关于家庭作业的争论也层出不穷。家庭作业的支持者表示，作业是指导学业困难的学生消化课堂内容、巩固知识点长效记忆的有效工具；而反对者则认为作业捆绑了孩子的自由时间，部分学生或因家庭社会经济受限无法高效地进行个人学习，作业导致学生之间学业表现的差距加剧。两种声音下，如何能够既

保留家庭作业的效用，又保障每一位中学生都受益其中，法国政府也曾作出多种尝试。对于积极推进教育民主化的法国，提高教育公平更是当务之急。

为了解决这一难题，国民教育部提出新学期"作业在校完成"措施，旨在鼓励每一名初中学生在学校完成作业，得到实时教育辅助，提高学业水平，减少成绩差异。"作业在校完成"措施，核心旨在减少因学生家庭社会经济背景不同而引发的教育不公平现象。政策于新学期诸神节（Toussaint）假期后，即 2017 年 11 月 6 日起在法国全境的初中内正式实施。部分教师与志愿者将成为该项目的承担者，为初中学生提供免费的课后辅导，帮助初中学生在放学留校的时间里，完成作业、复习课堂教学内容。为此，教育部将拨款 1500 万欧元支持该计划，并在公民服务框架下，聘任 1 万名青年志愿者提供辅助教学工作。初中校长根据各校实际情况，制订"作业在校完成"的时间与频率安排，地方教育局依照学校规划提供人员和经费支持。

2017 年新学期起，作业在校完成计划率先在初中开始实施，学校在自愿和免费的原则下，为学生提供作业辅导。2018 年至 2020 年，该计划逐步在小学和初中推广，其目标是依托已有可行经验，尤其是在教育优先区的经验，动员教师志愿者（按小时给津贴）、初中教学助手、退休人员和大学生、相关公民服务和协会（教育部贴标）、公民教育储备等各力量落实该计划。

（二）高中毕业会考及高中课程改革

法国高中毕业会考制度已有 200 多年的历史，长期以来鲜有政策触及这一领域。2018 年 2 月，法国教育部部长布朗盖委托里尔政治研究所前所长皮埃尔·马蒂尔特（Pierre Mathiot）就未来高中毕业会考制度发展开展调研。2018 年 1 月马蒂尔特提交的《为构建可行性高中的新会考》报告成为法国高中改革的基础性文件。同年，法国教育部启动新会考改革，主要包含取消普通高中分科，减少会考考试科目，增加过程性考试成绩。

取消分科使得学生在考试科目的选择上有了更大的自主性，有利于改进学生知识结构，激发学习兴趣。本轮改革前，法国高中毕业会考有 9 门考试，包括：哲学、法语、数学、历史—地理、物理—化学、生命和地球科学—生态学—工程科学、外语 1、外语 2、体育。法语考试一般在高二年级下学期进行，体育考试取高三平均成绩，其他 7 门考试集中在每年 6 月完成。改革后，普通类高中毕业会考 5 门考试科目改革为大型口试（10%）、法语（口试 + 笔试）（10%）、哲学（8%）和 2 门专业科目（32%）。分数计算方式改为会考成绩共占 60%，持续性检测（contrôle continu）① 成绩占 30%，高二和高三成绩单（bulletin scolaire）分数占 10%（每学年各占 5%）②。如果考生的最终成绩大于等于 12 分，即可获得高中毕业文凭，12—14 分评价为"较好"，14—16 分评价为"好"，16—20 分评价为"非常好"。

改革中新增的大型口试（Grand Oral）所拥有的相当于一门基础科目的比重，使得其不容小视。大型口试的题目由考生的专业课教师根据高中第三学年的教学情况出题，列出这一年围绕考生的研究计划所提出的两个问题。对于普通高中的学生，口语考试问题将围绕他们所选择的两门专业课，既有可能只涉及其中某一个专业，也有可能是跨专业的综合问题，例如"学校是否应该限制自己只教授'有用'的东西？""我们能否兼顾经济增长和环境保护？"对于技术高中学生来说，口语考试问题将围绕他们选择继续深造的那门专业课。布朗盖举例说明："假如一个学生选择了历史—地理和经济两个专业，并且还学习了性别平等等方面的课程，那么针对他的考题可能是'为什么为了更好地实现男女平等而增加教育的全球支出是重要的'这类问题。"③

与会考改革相对应的是普通高中的课程改革，新的课程设置如表 1-4 所示：

---

① 持续性检测成绩将通过三次模拟会考的形式抽查测验得来，抽查测验科目包括历史—地理、两种现代语言、科学教育、体育和仅在高二学习的专业科目，三次模拟会考的时间分别在高中第二年的 1 月和 4 月以及高中第三年的 12 月。

② FCPE Paris：*Comment calculer sa note du Bac*？，2021 年 4 月 24 日，见 https：//www.fcpe75.org/comment-calculer-sa-note-du-bac/。

③ Delphine Bancaud：*Grand oral du bac*：«*Cette épreuve n'est pas conçue pour faire échouer les élèves*»，*insiste Jean-Michel Blanquer*，2020 年 2 月 12 日，见 https：//www.20minutes.fr/societe/2716863-20200212-grand-oral-bac-epreuve-concue-faire-echouer-eleves-insiste-jean-michel-blanquer。

表 1-4　普通类高中课程设置表①

年级	基础课程	选修课程（最多选择 1 门）	技术教育课程（最多选择 1 门）
高一	法语、历史—地理、道德和公民教育（EMC）、两种现代语言、数学、物理—化学、地球科学与生命（SVT）、经济和社会科学（SES）、数字科学与信息技术、体育运动（EPS）、方向指导	第三语言、拉丁语、希腊语、手语、艺术（以下方向可供选择：视觉艺术、戏剧、艺术史、音乐、电影和舞蹈；体育运动；马戏艺术）	管理与经营、健康和社会、工程科学、科学与实验室、生物技术、技术创造与创新、创作与文化设计、艺术工作坊
高二	基础课程	专业科目（选择 3 门）	选修课程
高二	法语、历史—地理、两种现代语言、科学教育、体育运动、方向指导、道德和公民教育	历史—地理、地缘政治和政治学；经济学和社会科学；人文、文学和哲学；外国语言、文学和文化；古代文学、语言和文化；数学；物理—化学；地球科学与生命；数字科学与信息技术；工程科学；艺术；生物—生态学（仅在农业高中）	第三语言、拉丁语、希腊语、体育运动、手语、艺术（以下方向可供选择：视觉艺术、戏剧、艺术史、音乐、电影和舞蹈）
高三	基础课程	专业科目（在高二选择的 3 门专业科目中选择 2 门）	选修课程
高三	哲学、历史—地理、两种现代语言、科学教育、体育运动、道德和公民教育	历史—地理、地缘政治和政治学；经济学和社会科学；人文、文学和哲学；外国语言、文学和文化；古代文学、语言和文化；数学；物理—化学；地球科学与生命；数字科学与信息技术；工程科学；艺术	专业数学、补充数学、当代世界的法律和重大挑战、第三语言、拉丁语、希腊语、体育、手语、艺术（以下方向可供选择：视觉艺术、戏剧、艺术史、音乐、电影和舞蹈）

（三）"理财素养教育"进课堂

2019 年，法国对自 2016 年由法国经济部发起，并在法兰西银行的指导

————————

① Cours Thalès：*Quelles spécialités choisir en fin de Seconde pour la première et la Terminale?*，2020 年 9 月 1 日，见 https：//www.cours-thales.fr/lycee/seconde/quelle-specialite-choisir。

下逐步开展的初中生"理财素养教育"进行了评估，评估结果令人乐观。每个法国初三学生都须完成两小时的"理财素养教育"课程，课程内容涉及"预算的基础知识、支付方式、存款和贷款利息计算"等。两小时课程后，学生须参加问答考试，所有通过考试的学生将获得一份"资格证"。

自 2016 年"理财素养教育"这一创新教学举措被提出后，2017 年底，法国政府开发了教师"理财素养教育"的线上教材，2018—2019 年，该线上教材的下载量增长迅速，仅 2019 年一年即被下载达 1 万次。2019 年，"理财素养教育"课程正式在克雷泰伊学区的 3 个初中的初三班级中开展，2020年扩大到 5 个学区的相关初中。法兰西银行财务教育部主任马克·贝吉里（Mark Beguery）表示："理财素养教育课程能够帮助学生建立对预算和财务的敏感度，这在虚拟支付、金融产品不断发展的今天尤为重要。"

对于这项创新教学也存在质疑的声音，他们主要关注两个问题：第一是是否应该让银行、企业进入初中课堂教学；第二是关于"理财素养教育"资质如何进行认证。对此，全法初中和小学教师统一联盟工会的发言人弗朗西特·波皮诺（Francette Popineau）表示："'金钱'本身在学校并非禁忌，可以开展有益的'理财素养教育'活动，但要防止企业利用学校来达成其商业目的的行为。'理财素养教育'的真正目的不是为了鼓励孩子追求个人财富，而是为了培养他们为集体项目筹集资金的能力。"法国银行联合会强调："课堂的主导者仍然是老师，银行企业只能在老师的要求下进入班级进行辅助。为此，他们须签署一项协议，承诺不会在课堂提及任何银行或任何金融产品。"为了更好地实施这项"理财素养教育"新举措，法兰西银行决定将初中"财务教育"正式纳入法国国民服务体系。2020 年，预计将有 3 万名15—16 岁的年轻人参与体验与"财务教育"相关的课堂教学和活动。①

---

① Aurélie Blondel, *Bientôt un «passeport» d'éducation financière au collège*？，2020 年 2 月 15 日，见 https://www.lemonde.fr/argent/article/2020/02/15/bientot-un-passeport-d-education-financiere-au-college_6029661_1657007.html。

第四节　2016—2020 年基础教育专项治理

一、促进教育公平

（一）乡村教育改革

乡村、偏远地区教育资源薄弱、多媒体信息技术落后，是法国基础教育现代化进程中的一块短板。自奥朗德执政以来，法国教育部一直致力于同地方政府合作，在乡村地区建设能够提供新型教育服务的学校，以促进教育资源薄弱地区更高质量的学习。政府的举措响应了乡村地区居民对优秀教育资源的期望，也能有效改善农村地区学校教育脆弱性强、对优质教育资源的吸引力不足等弱势。

2016 年 5 月，第三届农村地区部级领导会议（Comité interministériel）在法国普利瓦（Privas）召开。会议上，政府明确了乡村地区发展的主要方向：促进均衡、支持各地区发展、鼓励地方政府开展尝试。① 会议宣布了促进乡村地区教育发展的多项重要举措：为了适应数字化教育改革，提高农村学校的数字技术的使用，国家将额外投入 5000 万欧元用以支持学校基础设施的发展，增加学校网络流量与无线网络部署，以及提高人机联作的电子白板的可获取性，填补基础教育的数字计划实施中的资金储备。此外，乡村地区新生人口下降显著，个别学校招生人数不足，将面临校园关闭等处境。对此，教育部通过与乡村地区签订公约，继续支持面临招生下降的乡村地区，重新设计教学课程，尝试试验性的多年级学生共享课堂，维持学生的正常学习。② 从

---

① Les services de l'État en Ardèche, *3ème comité interministériel aux ruralités（Cir）à Privas le 20 mai 2016*，2016 年 5 月 23 日，见 http：//www.ardeche.gouv.fr/3eme-comite-interministeriel-aux-ruralites-cir-a-a5833.html。

② Comité interministériel ruralités：*Allocution de Manuel VALLS，Premier ministre*，2017 年 7 月 1 日，见 http：//www.gouvernement.fr/sites/default/files/document/document/2016/05/20.05. 2016_discours_de_manuel_valls_premier_ministre_-_comite_interministeriel_ruralites_version_seul_prononce_fait_foi.pdf。

2016—2017 学年起，预计该试验性质的新课程将会被固定持续使用，使得当地政府能够最好地匹配适合区域发展潜力的改革设施。目前，法国教育部已经与 15 个省份的地方政府签订了公约，已经开始讨论 2016 年底与其他 20 多个省份建立公约。

2013—2014 年，依照《重建共和国学校法》，法国各地区陆续展开中小学课堂学时结构改革，原每周四天的教学被增加半日。绝大多数的中、小学在原有教学课程安排上，更多地增加了由市镇政府支持、组织的游艺与参观等校外兴趣活动。然而乡村地区文化、教育、娱乐资源不足，在此次改革中处于劣势，有违教育平等的理念。经教育部指出，国家行政部门将加大对乡村地区政府的辅助，以帮助地方政府和学校开展每一位孩子都能参加的高质量的校外活动。参议员阿兰·杜朗（Alain Duran）在会议上提交了法国总理委任其就促进农村学校和山区学校发展为题的调研报告。报告指出，随着乡村、山区初等教育就学人口的下降，新一代人口向大型城市迁移，乡村教育的发展存在诸多隐患。教育优化的过程需要国家与地方政府的协力合作。而教育部与市政间的合约在某种意义上形成一种国家和当地政府的新的对话模式，是双方逐渐建立互相的信任与承诺的必要过程。① 教育部表示，在中、长期规划里，除了延长乡村地区公约措施和加大普及外，教育部将会继续进行与合约覆盖的地区展开对话，不断调整，以便使进行中的合约能够长久。教育部还对乡村教育改革实施学区级和国家级的持续追踪，建立更大的网络，连接教育部、地方政府、学校、社会团体等所有相关人员，尤其是当地精英组织。

2018 年 9 月 13 日，马克龙总统公布"贫困救助计划"（Plan pauvreté），未来 4 年将投入 80 亿欧元用于改善贫困人口的教育、就业和生活质量。该计划的目的是保障优先发展地区婴幼儿和青少年平等地享受教育和社会生活的权力，阻隔贫困代际传递，并创造条件使更多人回归职场，进一步促进社

---

① Le ministère de l'éducation nationale, de la jeunesse et des sports: *Rapport sur la mise en œuvre des conventions ruralité*, 2016 年 5 月 20 日，见 http://www.education.gouv.fr/cid102225/ rapport-sur-mise-oeuvre-des-conventions-ruralite.html。

会公平。其主要举措包括：

第一，确保更多婴幼儿入托。到 2022 年，在优先发展地区托儿所新增
3 万个接收名额，使更多孩子能进入托儿所，有机会更早地学习语言，与他
人交往，融入社会。地区政府为此投入的经费 90% 由国家给予补贴。若经
济困难家庭无法承担托儿所相关费用，政府也将给予资助。此外，将对 60
万名母婴领域专业人员开展继续教育培训，以使他们更好地提供服务。目
前，法国 3 岁以下婴幼儿人口为 240 万，而托儿所招收名额总共约为 43.6
万个，法国家庭事务高等委员会估计，至少需增加 23 万个托儿所名额，才
能满足家庭的需求。

第二，改善小学生在校伙食。目前，法国约 7% 的小学生每天早上未进
食早餐便去上课，在经济条件相对落后的家庭，该比例高达 15%。为确保
小学生摄入足够营养，更加集中精力地学习，规定在优先教育地区的小学应
为小学生提供免费早餐，有条件的地区还可在上午为学生提供点心。此外，
将进一步降低学校食堂价格，经济条件落后的家庭需承担的午餐费用将低至
1 欧元 / 餐。目前，70% 的城市学校以及 30% 的农村学校设有食堂，学校食
堂的价格根据父母收入计算。上述政策将惠及 20—30 万名小学生。

第三，接受义务教育年龄延长至 18 岁。目前，法国学生接受义务教育
的年龄为 6—16 岁，且有大量 16—18 岁青年处于游离于社会状态，即未上
学、未当学徒、未就业。此前，马克龙总统已宣布，自 2019 年起义务教育
年龄提前至 3 岁。因此，对于 16—18 岁已经离开教育体系，却尚未就业的
青年，政府将采取措施，使其接受学习。①

除以上三个方面外，该计划还囊括为所有健康学生提供 3 个月的健康服
务、提供培训和就业机会、帮助学生获得文凭或资格证书、增加青年保障覆
盖人数至 20 万、为离开学校系统而没有能力认证的学生发放津贴、提供培

---

① Service France：*Petite enfance，système social*：*les mesures phares du gouvernement pour le
«plan pauvreté»*，2018 年 9 月 12 日，见 https：//www.lemonde.fr/societe/article/2018/09/12/
petite-enfance-systeme-social-les-mesures-phares-du-gouvernement-pour-le-plan-
pauvrete_5354200_3224.html。

训等促进教育公平的举措。①

此外，为促进城乡教育的均衡发展，2018年还加大了对乡村教育的支持力度。在45个最贫困地区增加400个教师岗位，启动乡村学校数字化计划，投入2000万欧元支持3000所学校完成数字化建设，支持乡村学校图书馆的建设，加强对地方政府的紧密合作，继续扩大乡村公约的影响力。乡村公约就是国民教育部与地方政府紧密合作以加强乡村学校和山村学校的建设。截至2018年7月，乡村公约已经覆盖44个省，计划在未来两年要覆盖到60个省。这些举措为推动乡村教育的发展提供了重要的发展机遇，有利于资源的优化整合，提升乡村教育质量，缩小城乡教育之间的差距，在最大范围内实现教育公平。②

（二）全纳教育改革

法国政府素来重视残疾人的权利和福祉，包括残疾儿童的发育以及受教育的权利。2005年2月11日，法国公布了《残疾人机会均等、参与和公民权法》（*Loi pour l'égalité des droits et des chances，la participation et la citoyenneté des personnes handicapées*），明确规定要让每个孩子都能接受学校教育，无论其身体是否有残疾，在融合教育领域取得了巨大进步。根据国民教育部预测评估司的最新统计结果：2017年全法共有390800名儿童和成人接受了教育，其中321476名学生在普通学校就读，其余在特殊教育机构就读。

为确保残疾学生能和普通学生享受同样的受教育权利，帮助他们在学校进行正常生活，法国政府从多个方面促进全纳教育发展。③ 2018年7月18日，教育部部长布朗盖和残疾人事务国务秘书索菲·克鲁泽共同宣布将

---

① La République En Marche：*Le programme d'Emmanuel Macron contre la pauvreté*，2020年7月1日，见 https：//en-marche.fr/emmanuel-macron/le-programme/pauvrete。

② 卢丽珠、王玉珏、杨进：《马克龙时代的教育公平：政策与改革》，《法国教育通讯》2018年第10期。

③ Le ministère de l'éducation nationale，de la jeunesse et des sports：*La scolarisation des élèves en situation de handicap*，2020年7月1日，见 https：//www.education.gouv.fr/la-scolarisation-des-eleves-en-situation-de-handicap-1022。

采取一系列措施，在未来四年内建设"更具有包容性"的学校，要让"所有的人都能接受正常的教育"，在实现教育公平的道路上又迈出坚实的一步。①

在法国，国民教育部设立专门为特殊学生的教育和发展提供服务的职位。这些职位主要分为两类，一类是特殊学生伴读人员（accompagnant des élèves en situation de handicap，简称 AESH），一类是学校生活辅助人员（Assistant de vie scolaire，简称 AVS）。为提升与全纳教育配套的教师素质，2017 年 4 月法国通过了关于特殊专业培训以及全纳教育专业技能证书的相关法令，以提高教师的专业性。2018 年国民教育部将新增 3584 个职位，2019 年将增加 6000 个职位，到 2022 年要增加 8000 个职位以期为残疾学生提供教学和生活服务，以适应身体有残疾学生数量日益增多的需求。② 学校中的全纳教育班级（unités localisées pour l'inclusion scolaire，简称 Ulis）也得到了快速发展，可以为特殊需求学生提供个性化教学和辅助。2016 年，全国共设立 8354 个全纳教育班级，其中小学 4784 个，中学 2903 个，高中 667 个，受益学生数量为 96108 名。到 2022 年，要在高中增设 250 个全纳教育班级，以满足残疾学生的需求。

2018 年，法国政府成立了全纳辅助中心（Pôles inclusifs d'Accompagnement localisés，简称 PIAL），主要开展对特殊学生的教育需要进行评估，以便更好地提供多样化和有针对性的教育，让学生能够更好地融入学校生活。此外，法国国家远程教育中心（Centre national d'enseignement à distance，简称 CNED）也为 6—16 岁特殊需求学生提供专门的远程教育服务，拓宽他们获取知识的渠道。

2019 年，根据政府提议，国民议会通过了鼓励接纳更多残疾学生的方案。新法案规定，今后残疾学生的陪同人员可获得可更新一次的三年期临时

---

① 卢丽珠、王玉珏、杨进：《马克龙时代的教育公平：政策与改革》，《法国教育通讯》2018 年第 10 期。

② Caroline Beyer：*Handicap：l'école «pleinement inclusive» se fait attendre*，2018 年 7 月 23 日，见 https://www.lefigaro.fr/actualite-france/2018/07/23/01016-20180723ARTFIG00240-handicap-l-ecole-pleinement-inclusive-se-fait-attendre.php。

工作合同（CDD），并可以在六年期满后获得无限期工作合同（CDI）。

2019 年 7 月 17 日，国民教育部部长布朗盖和残疾人事务国务秘书索菲·克鲁泽宣布成立国家全纳学校监督委员会（Comité national de suivi de l'école inclusive），以履行此前就进一步加强和改善全纳学校服务的相关承诺。来自国民教育和青年部、社会事务部、残疾事务部际委员会、神经发育障碍自闭症部际代表团、地方政府等代表以及部分议员出席了委员会成立大会。①

在法国，中央政府、地方政府和协会组织共同致力于建设"全民学校"（école pour tous）。国家全纳学校监督委员会将对上述行动进行跟踪监督并发现在其实行过程中遇到的困难以及解决办法。2019 新学年，该委员会的工作计划如下：在全法各地设立 3031 个全纳学校地方支持点，以便更好地为相关儿童服务；100 个省级教育部门开启热线，为有需要的家庭提供倾听与解答服务；大区相关卫生机构将试点建立流动医疗社会团队，以帮助有特殊需要的儿童入学，避免出现辍学现象。国家全纳学校监督委员会还确立了七大服务工作方针：在每个省部署服务点，开设 3000 余个全纳学校地方支持点；提高对家长的接待能力并简化行政手续；开展教师培训并对教师教学实践予以支持；陪伴与教育残障学生；学校应满足相关学生的特殊教育需求；加强学校与医疗社会服务专业人员等的联系合作；有导向性地开展工作并进行评估。②

2020 年，在新冠疫情的冲击下，法国政府也出台了相应的措施继续实践全纳教育的理念。2020 年 2 月 11 日召开的全国残疾人大会重申将把残障作为五年计划内的优先任务。在史无前例的公共卫生危机的背景下，此

---

① 王智超、杨进：《法国国民教育和青年部设立国家全纳学校监督委员会》，《法国教育通讯》2019 年第 15 期。

② Le ministère de l'éducation nationale，de la jeunesse et des sports：*Jean-Michel Blanquer et Sophie Cluzel installent le Comité national de suivi de l'école inclusive*，2020 年 6 月 1 日，见 https://www.education.gouv.fr/cid143960/jean-michel-blanquer-et-sophie-cluzel-installent-le-comite-national-de-suivi-de-l-ecole-inclusive.html。

次大会为 2020 年全民入学政策的实施拉开了序幕。残疾人事务国务秘书索菲·克鲁泽表示："自 2017 年以来，在布朗盖部长的领导下，我们的愿望是继续并扩大对于共和国所有残障儿童的教育部署。残障人士作为五年任期的重中之重，是所有公共政策的核心！"根据国家残疾人事务秘书处于 2020 年 8 月 26 日发表的报告①，法国政府将从以下几个方面入手：

第 一，为所有家庭提供支持和援助。2020 年 7 月 1 日起，政府开通了免费电话号码并创立了呼叫中心，学生家长可以通过交互式服务器根据需求访问所在地区或者全国的学校残障帮助（Aide handicap École）中心。并且，在每个地区设立了一个委员会，专门负责为每个学生提供入学的解决方案。除此之外，进一步简化学生入学条件并继续保证让学生免费获得适应型教育、多元化学习资源，通过全纳课程手册让家长更好地了解和跟踪孩子的进度，并在学生首次入学时保证学校跟每个学生家庭进行单独的、面对面的交流和沟通。

第二，巩固并增加相关措施。本学年会有 104500 个学生进入 9571 个校内全纳教育机构（Unités Localisées pour l'Inclusion Scolaire），其中有 350 个为新建机构。政府将通过超过 8000 个残障学生陪读员（AESH，accompagnants des élèves en situation de handicap）增加对学生的支持和帮助。全纳教育的实施离不开各地区间的交流与协作。自 2021 学年起，法国将以"地方全纳陪伴中心"（PIAL：Pôle inclusifs d'accompagnement localisé）为组织单元，每个单元力争在全国的统一动态中找到本区域的开展途径并进一步提高该地区内全纳学习陪伴的覆盖率。数据显示，法国学校接收自闭症儿童入学的能力有明显增强：2020 年与 2019 年相比，入学人数增长了 45%。另外，在全国机构单元的基础上建立更多的流动性支持团队来补充其网络型结构。自 2019 学年至今，已有 66 个地方性学校社会医疗支持团队投入到了试运行当中。除此之外，政府还为残障儿童开发了专门的陪同服务项目——

---

① Le secrétariat d'État chargé des Personnes handicapées：*La rentrée scolaire pour tous*，2020 年 8 月 26 日，见 https://handicap.gouv.fr/presse/communiques-de-presse/article/la-rentree-scolaire-pour-tous。

"特殊教育和家庭护理服务"（Sessad：Service d'Éducation Spécialisée et de Soins à Domicile），旨在更好地支持和陪伴学生的学习生活。

第三，加强合作。自 2020 学年起，法国政府将进一步深化全民入学所涉及的各利益主体间的合作并且推进该政策在全国范围内的实施。借助已在法国得到验证的有效模型，继续巩固既得成果。与此同时，还将开展组织创新，充分发挥"新冠 360 社区"（communautés 360 Covid）的作用，例如：远程教育以及教学资源的免费共享。另外，地方机构将向周边地区延展，地方性全纳学校监督委员会秉着互利合作的原则，做好汇总、分享和共建的工作。

第四，将全纳教育纳入全纳学校公共服务质量范畴之中。法国政府决定通过灵活的预算和灵活的行政为全民入学提供资金支持和政策保障。在国家预算方面：增加用于流动性支持团队的预算（1000 万欧元）；支持每个地区本土社区构成（1000 万欧元）；制定与全纳学校相结合的陪同方案；作为应对自闭症策略的一部分，增加教学单元、流动性团队和自我调节机制的设立（810 万欧元）。同样，在行政方面，根据 2020 年底颁布的有关法令，改善全纳学校的基础教育（formation initiale）；借助具有丰富中学教育资源的"线上全纳学校"（Cap Ecole Inclusive）平台，特别是残障学生陪读员，开展各项继续教育（formation continue）的行动；在秋季与下一届国家监督委员会举行会议，继续与残障学生陪读员进行社会对话；推动关于考核安排的法令草案。①

（三）加强师资队伍建设

为解决师资短缺问题，2019 年，法国国民议会通过了基础教育阶段教师的"预招聘"方案（Pré-recrutement），并于 2019 年秋季学期开始实施。布朗盖部长称赞这一做法为"改革中最美妙安排"。法国政府将在大学二年级设立"预职业化"方向（pré-professionnelle），也就是说，尚未通过教师

---

①　吴景尧、王娟：《法国全纳教育——2020 年全民入学新举措》，《法国教育通讯》2020 年第 26 期。

资格考试的在校师范生可以以"教学助理"（assistants d'éducation）的身份，轮流在相关教育机构完成一定时间的教学实习工作，同时可以获得 700—1000 欧元的工资。预计这项举措每年会涉及约 3000 名大学生。与此同时，法国国民议会还决定成立多个"国家高等教师教育学院"（instituts nationaux supérieurs du professorat et de l'éducation），以替代此前高等学校中的教师教育学院，也就是说，未来中小学阶段教师培养机构的管理权将重新归属于国民教育部，而不再属于高等教育、研究与创新部。

2019 年 5 月 28 日，时任国民教育部长布朗盖向全法各学区长、国家督学、小学校长、小学教师及相关管理人员签发了《2019 年秋季学年政府公报》（Circulaire de rentrée 2019）。教育部公报在加强师资队伍建设方面提出，法国教育部门拟从以下四个方面推进师资队伍建设：一是改进"教育优先区"教师的选聘制度，明确提出要大力推进"人岗匹配"机制，给予学校和教师更多的自主权和主动权，实现教师和学校之间的双向选择；二是深化教师培训制度改革，为"教育优先区"的教师每年提供 3 天的培训，为新入职的教师安排一名联络教师，指导其开展教学活动。鼓励教师集体备课和研讨，提高教师的教学水平；三是增加教师数量，提高师生比，2019 年为"教育优先区"增加了 1800 个教职，入职不满三年的教师不派往"教育优先区"；四是加大贫困学区教师的补贴力度，2018—2019 年，法国为强化"教育优先区"教师增加了 1000 欧元补贴，今后还将逐步提高补贴额度。[1]

二、信息化建设

(一)"数字化校园"战略

法国重视信息化与教育的紧密关系由来已久。自 20 世纪起，随着信息通信技术的兴起和发展，法国便陆续出台了多项国家层面的教育战略与行动计划，如 1985 年实施的人人学习计算机计划、1995 年制定的多媒体教学发

---

[1] 王娟、翟雨桐、杨进：《法国实施优先教育政策：回顾与展望》，《法国教育通讯》2020 年第 21 期。

展计划。1997 年出台的信息社会的政府行动计划明确提出教育系统必须使每个青年在毕业时能够"掌握未来个人生活和职业生活所需要的信息通信技术"及"利用丰富的多媒体资源开展教学活动"。①

2015 年 5 月，法国举办数字化教育研讨会，正式确立"数字化校园"教育战略规划，计划在三年内投资 10 亿欧元用于完善数字化教育资源与设备。同年 9 月，600 所学校被纳入教育数字化系统，并全面启动教师信息素养培训项目。2016 年，政府继续加大扶持力度，截至 9 月，教育数字化系统已覆盖全法 1/4 的初中和 1800 所小学，教育资源平台为中小学师生提供丰富多样的多学科网络教育资源。② 随后，法国教育部联合法国投资总署共同提出"创新的数字学校和农村"计划（Écoles numériques innovantes et ruralité），支持农村地区小学在教育数字化创新方面的发展。在继拨款 2500 万欧元为农村地区中学配备数字化设备后，法国政府再次拨款 5000 万欧元，支持农村地区小学教育信息化的发展与创新。③2017 年 9 月，法国进一步开启为学生全面配备可移动数字化学习设备的计划。

在计划的具体实施上，一是完善数字化教学设备和资源，实现中小学校全景式的数字化转型，包括提高个人移动数字设备的普及率，解决农村地区学校互联网接入问题，建立国家级数字平台，为中小学师生提供丰富多样的多学科网络教育资源等。二是将数字化素养培养纳入中小学课程体系，数字素养被看作在新技术环境下使用数字资源、有效参与社会进程的能力。数字素养的培养逐渐被各国纳入基础教育的课程体系。法国"数字化校园"教育战略规划将数字化课程、编码课程纳入通识教育体系，全面培养学生在智能学习环境中的信息素养。三是提升教师数字化素养，面对数字科技快速发展，教师数字素养不足的问题，法国"数字化校园"教育战略规划提出要全

---

① 王晓辉：《法国教育信息化的基本战略与特点》，《外国教育研究》2004 年第 5 期。

② 任一菲：《法国"数字化校园"教育战略规划概览及启示》，《世界教育信息》2018 年第 31 期。

③ 王昊：《法国拨款支持农村小学教育信息化发展与创新》，《世界教育信息》2017 年第 17 期。

面启动教师信息素养培训项目。

　　该战略定义了实现信息技术变革教与学的实践的四大支柱：培训、设备、资源和创新，并据此提出了一系列配套项目，具体包括：国家优先考虑教师培训；为教师和学生提供设备和资源；鼓励为数字一代开发数字教育创新和技术孵化项目。① 法国"数字化校园"计划的理念和目标与法国教育改革是相契合的，即教育是为了促进学生在未来获得成功。2015 年，法国教育部部长在部长例会上正式提出法国初中教学改革计划。此次改革希望通过修订教学大纲、增加教师自主教学时间等途径，实现强化基础知识教学、培养学生的社会适应力、加强共和国价值观教育等目标，最终打破社会阶层阻碍，提高学生的学业成功率。通过改革促进教师队伍建设，激发教师工作热情和创造力。改革的主要措施包括：强调理论结合实际，加强学生基础知识学习；因材施教，提高学业成功率；强化培养初中生适应现代社会生活所需技能；将初中校园变成学生成长及公民意识培养的重要场所，并优先培养学生个性及团队意识。②

　　战略对于法国教育发展有着重要的意义，"数字化校园"战略巩固了学生的学科知识，创新了学习方式，提升了学生的信息素养，储备了共和国的未来人才，帮助学生明辨网络信息，培养其批判性思维和独立人格。家长在策略中的参与推动了家校合作，加强了家长、子女、学校之间的联系。战略在法国的全方位实施也促进和落实了教育公平。

　　(二)《数字化助力可信赖校园》报告

　　2018 年，为总结国家教育信息化发展现状，进一步发挥信息化对教育的服务作用，实现信息技术成果提高教学效率、简化办公程序、创新考查方式、推动政策制定、培养新型人才、促进教育现代化，法国国民教育部于 8 月 21 日发布《数字化助力可信赖校园》(*Le numérique au service de l'École de la confiance*) 报告，总结法国在教育信息化领域的发展情况，提出未来

---

① 李伟、盛创新、张惠颜：《基于绩效视角的美国、新加坡、法国最新教育信息化政策比较》，《软件导刊》(教育技术) 2019 年第 6 期。

② 黄培：《法国公布初中教育改革计划》，《世界教育信息》2015 年第 9 期。

预期。报告分为五个部分，系统介绍法国教育信息化的目标、实践与展望。《数字化助力可信赖校园》指出，必须充分认识教育数据的核心地位，促进最新科技成果服务于教育过程与教育环境，重视加强教师及学生信息素养培训，利用信息化成果创新学校与学生家庭、科研单位、企业、教育主管部门之间的合作，凝聚各方力量，推动国家教育信息化不断发展。①

《数字化助力可信赖校园》首先指出法国的教育数据具有重要价值，要保障教育数据的核心地位，积极挖掘教育数据的应用价值，加强教育信息的安全保护。其次，法国促进科技成果服务于信息化时代，这在教育领域也有体现，人工智能、教育技术、物联网、虚拟现实、区块链技术等科技成果为法国教育注入了新的活力。科技发展不仅带动了教育信息化的不断深入，而且能够推动教育公平（更多顾及以残障学生为例的困难学生）与国民教育总体质量的提升。信息化时代对教师能力和学生素养都提出了新的要求，教师和学生的信息素养都需要提升。提升学生信息素养的具体措施包括加强高中阶段的信息技术教育，与 STEM 学科框架相联系，包括高一年级每周 1.5 小时的必修课数字科学与技术，高二和高三年级的选修课数字与信息科学。教育信息化创新了学校与各方的合作关系，包括家校关系、校企关系以及学校与地方行政部门的关系。

（三）设置中学计算机科学教师资格证书

为积极响应新时期数字化战略发展建设，特别是解决基础教育阶段数字和计算机科学教育发展的师资紧缺问题，2019 年 1 月 7 日，法国国民教育部正式宣布，自 2020 年起，开设计算机科学中学教师资格证书（Certificat d'Aptitude Pédagogique à l'Enseignement Secondaire informatique，简称 CAPES informatique），重点培养计算机科学专业师资力量。这是法国教师资格证书管理领域近年来第一份新开设的教师资格证书，距离上一份开设的图书馆学科教师资格证书已有 30 年之久，意味着法国开始重视计算机学科教师队伍

---

① 吉祥希：《法国〈数字化助力可信赖校园〉报告解读与启示》，《世界教育信息》2019 年第 12 期。

建设，以满足该学科人才培养的需要。

在法国基础教育阶段中，长期以来，计算机科学被认为是一门边缘化学科。1992 年以前，计算机科学一直是高中选修课。2012 年，全法约 10%的高中开设"数字科学和计算机"课程，但是任课教师一般由物理教师、数学教师或科学技术工程教师兼任。随着近年来法国高中改革，计算机学科在高中课程中的占比越来越重要，但随之而来的问题便是相关师资紧缺。时任国民教育部长布朗盖表示，"未来，全法将有半数以上的高中采纳新的'数字和计算机科学'课程，以加强计算机学科教育，为此预计将有 1500 所高中面临该新课程师资紧缺的状况。为解决该问题，我们现已启动对百余名计算机学科教师的在职培训。2020 年，将产生第一批持有计算机科学中学教师资格证书（CAPES informatique）的教师，之后将再根据选择'数字和计算机科学'专业的学生数量逐渐扩大该专业的教师队伍。"为满足中学阶段计算机科学教学需求，法国大学也新设了 30 余种计算机科学相关的大学文凭。①

三、校园安全及防疫工作

（一）校园安全治理

2015 年法国就开展了一轮加强中小学校园安全的措施，为保护学生和教职人员的安全，法国实行了一套整体、连贯并与时俱进的战略。该战略建立在三项支柱之上：预先准备、安全保障、合理应对。2017 年 3 月 23 日，为进一步加强学校安全工作，营造安全、稳定、和谐的校园环境，法国教育部围绕上述三项支柱公布了加强校园安全的六项新举措。

措施一：加强对学校领导干部的培训（将培训人数从 500 人增加至 1500人，新增 220 名学区培训员）。2017 年新学期除了现有的 80 名在国家宪兵

---

① Pauline Verge：*Blanquer annonce la création d'un diplôme d'informatique pour les professeurs*，2019 年 1 月 8 日，见 https://etudiant.lefigaro.fr/article/blanquer-annonce-la-crea-tion-d-un-diplome-d-informatique-pour-les-professeurs_3b3e9d5e-129c-11e9-830d-78e7d5526521/。

中心接受培训的学区培训员外，法国将在 2017 年 6 月底前新增 220 名学区培训员。这些培训员将从 2017 年新学期起对学区内的学校领导干部进行危机管理能力的培训。2017—2018 学年接受危机管理培训的领导干部人数将增至原来的 3 倍，从 5000 人（学校领导、初等阶段国家教育督学等）增至 1500 人。最初设定的目标是在 4 所宪兵中心培训 500 名地方领导干部，但这一目标早已实现。培训力度的增加将进一步巩固各学区的培训员网络，并将推动受训人员构成的多样化。

措施二：加强协作，成立国家危机管理中心。法国教育部听取了国家教育总督学的建议，在教育部内部设立了危机管理中心。该中心由国家防卫和安保高级官员领导，其任务是推动危机管理各责任方的协作，并促进有益实践经验的传播。

措施三：加快中小学校园建筑的安全性。加快对地方政府和学校关于校园建筑安全性内容的文件指导。2017 年 4 月底之前，法国内政部和教育部将共同拨款 5000 万欧元，用于提高中小学校园建筑的安全性能。

措施四：与协会代表共同起草校园安全实用指南。由内政部、教育部及地方协会代表共同起草的校园安全指南将于 3 月底发放给各市市长。指南阐明了应对目前法国校园安全问题的措施并将为各市长配备国家警察和宪兵安全专员或教育部安全顾问及专员，以推动措施有效落实。

措施五：为教职人员提供危机应对手册。2015 年 11 月至 2016 年 7 月，法国颁布了五份文件并为教职人员提供了众多资源。为进一步加强教职人员的安全防范意识，法国教育部将设立实践指导卡片，以更好地辅助教职人员应对危机。实践指导卡片能够让教职人员更好地识别重大校园危机和侵入式袭击的威胁。此外，法国将设置侵入式袭击的警报系统，明确安全专员的职责和权限，更好地为中小学和安全部队下达指令。校园危机应对手册将于 4 月 13 日公布。

措施六：尝试对课后活动人员进行与学校教职人员一样的安全培训。在与地方协会代表协商后，教育部遴选出 3 个省份率先尝试对课后活动人员进行安全培训。培训将有助于明确不同时刻不同教职人员的职责，进而强化所有学校工作人员的安全和责任意识。此外，法国中小学将与地方政府和安保部队紧密合作，共同推出新版安全演习，以应对紧急突发事件。

2019 年 9 月 5 日，法国国民教育部联合司法部、内政部等部门①，出台新一轮《反对校园暴力行动计划》（*Le plan contre les violences scolaires encore repoussé*）②，以大力整治校园暴力现象。为使此版行动计划更具操作性，4 位来自教育体系各相关领域的专业人士克雷戴尔学区前学区长（该学区校园暴力和欺凌行为较为严重）、蒙彼利埃学区长贝特斯·吉勒女士（Béatrice Gille）、法国市长协会副主席阿涅斯·勒布朗女士（Agnès le Brun）、圣丹尼市议员斯蒂芬娜·特斯黛女士（Stéphane Testé）、总督学于贝·史密德先生（Hubert Schmidt）接受邀请共同参与研究商讨。③

该行动计划总体上为推动治理校园暴力提出了非常有针对性的举措，大致内容如下：在每所学校建立一份关于校园暴力行为的数字档案。即记录每一个校园暴力事件，包括学校如何处置该校园暴力事件，以便于跟踪、统计分析和今后更好地采取预防措施。帮助教师应对校园暴力事件，即当教师遭受校园暴力后，帮助其进行身体和心理治疗。加强对教师关于应对校园暴力方面的培训。对发生校园暴力行为的学生采取更加合理和有效的措施。此前很多学生发生校园暴力行为后，最终的处理办法是将其驱逐出学校。布朗盖部长认为，这并没有从根本上解决问题，仅仅是将发生校园暴力的危险因素从一所学校转移到了另一所学校，因此应该对这些学生进行合理的教育，增强其责任意识。加强校园的安全防卫。对于容易发生校园暴力的"重灾区"学校，可以任命一名专门负责校园安全事务的副校长，处理校园暴力行为。可以加强与学校所在当地警察局的合作，必要时允许警察进入校园，协

---

① 在法国，反对校园暴力和欺凌行动牵涉校园安保、对于边缘化学生的照顾和处理、督促家庭承担职责等多个方面，因此该行动的职责也涉及国民教育部、司法部、内政部和卫生部等多个部委。

② 自 1992 年至今，法国政府已更新出台了 10 余个反对校园暴力行动计划。

③ Caroline Beyer: *Le plan contre les violences scolaires encore repoussé*，2019 年 3 月 6 日，见 https://www.lefigaro.fr/actualite-france/2019/03/06/01016-20190306ARTFIG00242-le-plan-contre-les-violences-scolaires-encore-repousse.php。

助处理校园安全问题。设立专门的教育机构接受有校园暴力行为的学生。设立一批专门的学校，对于因实施校园暴力而被驱逐出校的学生，进行再次融入学业和校园，或是融入就业市场的教育和培训。

（二）积极应对疫情

突如其来的新冠肺炎疫情给法国经济和社会生活带来巨大影响。2020年3月，法国政府不得不关闭了法国本土及海外省的所有中小学，1300万中小学生被迫居家。法国国民教育部对此表示担忧，认为学校长时间停课可能导致学生出现各种心理问题、用餐问题甚至辍学。在此背景下，法国国民教育部积极推出多项举措，确保特殊时期教育教学工作有序进行。

1.疫情期间的远程教育举措

法国在教育技术开发和数字教育资源开发方面有深厚的积累。疫情期间，国民教育部号召师生充分利用法国国家远程教育中心（Centre National d'Enseignment à Distance，简称 CNED）和数字工作区（Espace Numérique de Travail，简称 ENT）系统，开展线上教学。

法国国家远程教育中心隶属于教育部，是具有行政单位性质的国立远程教学机构，是欧洲和法语区国家范围内规模最大的提供"终身教育"的远程教育机构。在法国，国家远程教育中心在远程教育、中心教育、在线学习领域都具有重要的影响力。对于那些想要注册远程教育的学生来说，他们的首选一般都是国家远程教育中心。[①] 中心有可以容纳 600 万用户同时登陆的服务器，主要通过两种功能支持基础教育阶段的学生学习，一方面是提供作业和课后练习，内容覆盖从幼儿园大班到高三各年级所有学科；另一方面则是支持实时网课，教师可以通过中心平台发起视频课程。[②]

另一种可以被广泛应用的网络教学手段是数字工作区，该平台是法国国民教育部设立的允许远程访问数字资源的在线协作工具和平台。数字工作

[①] 刘敏、王丽媛等：《世界开放大学案例研究丛书：法国国家远程教育中心》，国家开放大学出版社 2020 年版，第 14 页。

[②] Le ministère de l'éducation nationale，de la jeunesse et des sports：*Continuité pédagogique*，2021 年 1 月 1 日，见 https：//eduscol.education.fr/95/continuite-pedagogique。

区与国家教育、学区、社区和学校机构的其他平台相衔接，可在一个学校或几个学校之间形成闭环，联结学校每个教学环节中的每个成员，包括家长。数字工作区的主要用途可以概括为三点：第一，为教学服务，它是教师和学生在数字环境中进行互动的媒体，既可以是一个协作工具和存储空间，也可以提供博客、论坛、虚拟教室等功能；第二，是学校生活的伙伴，在数字工作区的个人账户中，学生可以查看课程表、日程表、选择课程、缺勤记录等；第三，通信功能，它可以对外传递信息（收发邮件、发布个人页面），并进行视频会议。① 数字工作区最开始运用于高等教育，随后发展到初中和高中。近年来，小学的数字工作区也逐渐发展起来，学生、教师和家长均可注册。②

　　据法国国民教育部官网统计显示，自 2016 学年开始以来：29 个学区与地方政府合作，至少在第二教育阶段的数字工作区普及阶段参与了一个项目，即 86% 的省和 100% 的大区；21 个大区中，100% 的高中拥有数字工作区（根据 NOTRe 法案）；76 个省中，100% 的初中已然拥有；94% 的省（从市政当局到学区）以不同的规模启动了第一教育阶段数字工作区项目；大多数项目仍在测试中，但是有 46 个省正在进行至少一个第一教育阶段的推广普及项目；经统计，已有涉及 3847 所学校的 181 个不同的数字工作区项目。③

　　除此之外，法国国民教育部还为学生推荐了很多非实时交互的学习资源。从全法关闭学校的第二周（2020 年 3 月 23 日）起，法国电视 2、4、5 频道每日为小学至高中学段的学生播放直播和录播课程，同时，很多广播和

①　Le ministère de l'éducation nationale，de la jeunesse et des sports：*L'utilisation du numérique à l'École*，2020 年 9 月 1 日，见 https：//www.education.gouv.fr/l-utilisation-du-numerique-l-ecole-12074。

②　刘瑛东、王娟、杨进：《法国基础教育信息化的发展、应用及启示》，《法国教育通讯》2019 年第 20 期。

③　Le ministère de l'éducation nationale，de la jeunesse et des sports：*L'utilisation du numérique à l'École*，2020 年 9 月 1 日，见 https：//www.education.gouv.fr/l-utilisation-du-numerique-l-ecole-12074。

纸质媒体也开辟专栏提供学习内容。①

　　然而在法国，仍有大约 5%—8% 的学生没有数字设备，无法参与线上教学。为此 2020 年 3 月 31 日，国民教育部与法国邮政签署合作协议，为没有能力购买数字设备的家庭寄送纸质学习资料，并支持当地政府以及协会组织等向上述家庭的学生捐助平板电脑等数字设备。② 4 月 20 日，国民教育部对外宣布投入 1500 万欧元专项经费用于帮助落后困难地区的学生改变因疫情禁足影响学业的情况，其中，900 多万欧元用于为这些地区的学生采购和发放数字化教学工具。

　　为确保家校通力合作，国民教育部要求封校期间学校保证有教师值班。学生在家学习初期，学校通过电话、短信或邮件的形式告知每位学生家长远程教学组织模式和教学平台使用。国民教育部还建议，学校与家长每周至少沟通一次，以保证良好的家校协作关系，确保远程教学工作正常进行。对于奋战在一线的医护人员，关闭学校的举措使他们孩子的看护成了难题，鉴于这种情况，法国政府开展了"看护服务"。根据规定，以下人员的子女可以优先享受这项看护服务：所有在私立和公立卫生机构工作的人员：医院、诊所、康复治疗所、家庭护理、健康中心；所有在社会医疗机构工作，并且其工作内容针对老年人和残疾人的工作人员：养老院、老年人收容机构（EHPAD）、长期护理单位（USLD）、老年人自主之家、医学教育机构（IME）、专业接待中心（MAS）、医疗接待之家（FAM）、上门护理护士服务中心（SSIAD）；城市社会医疗和卫生人员：医生、护士、药剂师、助产士、护工、救护运输人员、生物学家、老年人和残疾人生活助理人员；地区卫生部门（ARS）和警察局中负责控制病毒传播的人员以及处理危机的国家团队人员。

---

① Isabelle Brun：*La maison Lumni（France Télévisions）：voici ce que proposent France 2, France 4 et France 5 à vos enfants pour remplacer l'école*，2020 年 4 月 10 日，见 https：// www.programme-tv.net/news/tv/251717-la-maison-lumni-france-televisions-voici-ce-que-proposent-france-2-france-4-et-france-5-a-vos-enfants-pour-remplacer-lecole/。

② 许浙景：《法国基础教育应对疫情相关举措》，《法国教育通讯》2020 年第 23 期。

2. 改进在线教育的效果

虽然政府和社会各方为居家学习提供了较为丰富的学习资源和技术支持，但不少家长、教师和专家对于远程教学的效果还是表示担忧。在家上课后，家长需要就设备管理和网络连接等方面进行指导，这也对家长使用多媒体设备的能力有较高要求。这样的教学模式也需要家长投入更多精力辅导学生课后作业，加重了家长的负担，不少家长也不具备操作电子设备或辅导课业的能力。同时，广大法国教师也需要学习和适应多媒体和在线教学手段，首先是要调整教学计划，重新设置适合远程教学的课堂活动和作业。其次，在线教学加大了课堂管理的难度，如何规避一切影响学生学习效率的因素也成为教师的挑战。[①] 另外，一些教师和学者担忧，在线学习模式会加剧教育不平等现象。多媒体设备和网络设施成为教育教学的硬性条件，这给家庭经济条件有限的孩子设置了学习障碍；在线学习模式对学生的学习自主性要求很高，可能会导致更多学生出现学习困难甚至中断学业。[②]

为回应上述质疑，验证疫情封闭期间"可持续的"学习效果，教育部于 7 月公布了一项覆盖超过 10 万人的调查，显示 79% 的初高中学生家长认为封闭期间组织的教学活动是有效的，68% 的初高中教师对学生的学习状况表示满意，而小学阶段，教师对学生这一期间的学业满意度是 77%。封闭期间，绝大多数中学生都表示遇到了或多或少的设备和组织形式带来的困难；另外，81% 的受访中学生在此期间感受到了缺乏学习动力的倦怠感。教师方面的调查结果也印证了这一点，62% 的中学教师认为这种教学组织形式对激发学生的学习动力没有正面影响。当谈到收获时，80% 的中学教师认为自己的信息技术能力得到了提升，78% 的教师认为学生从某种程度上收获了学习的自主性。但教师们普遍（90%）担心的是这种形式会加剧教育不平等现象，而大多数家长（59%）则担心的是子女们在禁足期间的学业没

---

①　易兰：《法国实施远程教学面临的挑战》，《法国教育通讯》2020 年第 22 期。
②　翟雨桐：《疫情封校期间法国中小学通过多种形式开展教学》，《法国教育通讯》2020 年第 22 期。

有进步。①

3. 校园卫生防疫举措

根据疫情发展情况，法国总统马克龙于 2020 年 4 月 13 日晚发表全国电视讲话，宣布幼儿园、小学、初中和高中在 5 月 11 日后逐步复课，共涉及 4.3 万所学校。学校将首先考虑安排家庭困难的学生返校学习；考虑分年级逐步返校；减少班级学生数量，小学每班不超过 15 名学生，幼儿园每班不超过 10 人；缩短上课时间，尽量避免人群聚集。关于佩戴口罩问题，幼儿园儿童禁止戴口罩；小学生自愿戴口罩；教职员工必须戴口罩。

初中复课需满足 5 个条件：校内保持社交距离；人员保持卫生习惯，如勤洗手、打喷嚏时用一次性纸巾挡住等；学生分组；对教室、教学用具等进行清洗和消毒；及时进行相关培训、保持信息沟通顺畅。原则上，初中班级人数减半，每班不超过 15 名学生，每个班级可进行隔天或隔周上课。学生在课堂上根据自愿原则佩戴口罩，但是在学校公共场所（即无法保持社交距离的场所），学生必须佩戴口罩。教职员工在校内必须佩戴口罩。为保持社交距离，教室内学生位置间隔 1 米；学校走廊改为单行道，以避免学生交叉碰面；入校、放学以及课外活动均分班级分批进行。每天需对教室以及公共场所进行清洗和消毒。每天上午上课、课外活动、午餐等时间段，教室每 15 分钟通风一次。②

之后，随着病毒传播等级的降低，马克龙于 6 月 14 日宣布，6 月 22 日起法国幼儿园、小学和初高中全面复课，家长按自己的能力和意愿决定孩子是否返校。③为迎接所有学生如期返校，根据卫生当局的规定，法国国民教育部于 6 月 18 日公布了最新的校内疫情防控措施和实施细则，放宽了现行防控措施。该细则适用于地方行政区、国家下属的地方服务中心、管理人员

---

① 翟雨桐、王娟：《疫情封闭期间"持续性教育"学习效果》，《法国教育通讯》2020 年第 26 期。
② 许浙景：《法国基础教育应对疫情相关举措》，《法国教育通讯》2020 年第 23 期。
③ 翟雨桐、王娟：《疫情封闭期间"持续性教育"学习效果》，《法国教育通讯》2020 年第 26 期。

以及教育界的所有成员。①

放宽防控措施包括：调整了校内的社交距离，原则上社交距离保持 1 米，如果有些学校的校舍条件无法达到教室内每个学生保持 1 米的社交距离，可不再严格遵守社交距离要求，但是不同班级间需要严格遵守必要的社交距离；取消了每班学生数量不得超过 15 人的人数限制；寄宿生可返回学校住宿，但床间距必须保持 1 米以上。继续严控的一些防疫措施包括：教职员工和 11 岁以上的儿童在校园内必须戴口罩；严格遵守必要的防疫行为规范，如勤洗手，勤消毒，咳嗽、打喷嚏捂住口鼻等；各班级错时接送学生，错时用餐，减小不同班级之间的交叉感染几率；校园场所和公用教具定期消杀；家长必须启用"Stopcovid"应用，家校之间保持必要的信息沟通。②

学生家长和教职工作为青壮成年人是新冠肺炎的主要感染人群，在规定中，学生家长被要求承担"至关重要的作用"，除了保障子女的健康状况外，当个人或家庭成员出现疑似或感染新冠肺炎时，应立即通知校方，并将子女居家隔离；教职工是落实中小学防疫规定的主体，教育部要求地方政府持续为其提供包括口罩在内的防疫物资，教职工被要求引导学生遵守防疫规定，与学生家长保持联系，保证包括学生家长在内的校外人员严禁入校，并在出现疑似或感染新冠肺炎时居家隔离并通知学校。与中小学对比，幼儿园防疫措施最为宽松。作为受新冠肺炎威胁和传染性最小的人群，法国政府并未对幼儿（学生）和幼儿园专门提出防疫规则，且不强制要求幼儿园教师在校期间佩戴口罩，但仍要求疑似或感染新冠肺炎的教师居家隔离并上报学校，学生家长携幼儿居家隔离。③

2020 年年底，疫情再次反复，法国政府再次收紧中小学防疫新措施。

---

① 王娟：《法国学校放宽卫生防疫安全措施并实现全面复课》，《法国教育通讯》2020 年第 24 期。

② Le Figaro avec AFP: *Les règles sur la distanciation physique à l'école vont être allégées*, annonce Jean-Michel Blanquer，2020 年 6 月 15 日，见 https://www.lefigaro.fr/flash-actu/les-regles-sur-la-distanciation-physique-a-l-ecole-vont-etre-allegees-annonce-jean-michel-blanquer-20200615。

③ 马千里、王娟：《法国学校在疫情中迎来开学季》，《法国教育通讯》2020 年第 26 期。

总体来看涉及佩戴口罩的要求、场所通风要求、校园环境消毒要求、校园内进餐要求以及工作人员的 PCR 检测和抗原检测等。

4. 疫情期间特殊援助措施

布朗盖在城市发展部部长朱利安·丹诺曼底（Julien Denormandie）和加布里埃尔·阿塔（Gabriel Attal）的支持下，于 2020 年 6 月 6 日提出了"学习型假期"的方案。国民教育部和市政府投资 2 亿欧元，计划为 70 万青少年提供住宿或度假，受益者主要来自贫困地区。[1] 三位部长提出了 4 个"学习型假期"的方案，期望通过该计划减少可能出现的学习延误和辍学风险，减少由新冠疫情和假期导致的青少年之间的教育不平等现象，让青少年体验一个丰富的夏天。具体方案如下：

一是"开放学习型学校"（l'école ouverte apprenante），即学校或教育机构针对 3—17 岁的儿童和青少年开展上午以基础知识为主的学校活动，下午进行体育或文化活动。这项计划由来已久，但 2020 年，布朗盖希望将参加的青少年人数量从 7 万增加到 40 万。为了达到目标，该方案也向职业高中开放，并由以往的优先教育机构和城市政策的优先区域，扩大到农村地区。职业高中的学生针对那些在 6 月考试中未通过但参与 9 月补考的学生，以及职业高中学业即将结束的学生，目标是进行再学习或专业整合。

二是"野外学校"（l'école ouverte buissonnière）。城市青少年可以到农村地区（2—7 天）或公共场所（5—14 天）露营，去发现自然和当地的遗产，期望以更换环境的方式培养他们的自主性。

三是"学习型夏令营"（les colonies de vacances apprenantes）。这是一项全新的计划，以夏令营的方式来进行学校教育。得益于国家（80% 的费用）和地方当局（20%）的资助，这些营地将免费提供给弱势儿童。夏令营提供有趣的教育活动让孩子们加强知识和技能，为下一学年做好准备。夏令营意在"培养学业成功所需具备的基本技能：能理解自己阅读过的文章或向他们读过的文章；以正确和清晰的语言（口头和书面）表达自己的思想"。

---

[1] 刘瑛东：《法国邀请 70 万青少年进行"学习型假期"》，《法国教育通讯》2020 年第 24 期。

四是文体中心的"学习者"(Accueils de loisirs apprenants),文体中心提供包含教育内容的活动,"从教育游戏到复学动员"。7 月初,所有文体中心可免费使用国家远程教育中心提供的从小学到中学的在线学习课程。教育部还将一次性向地方提供 3000 万欧元的特别援助,以促进休闲设施的开放,增加其接待能力和教育内容。① 除教育援助外,在经济援助方面,2020 年法国的返校津贴(ARS)从 8 月 18 日起,发放给近 300 万有家庭津贴基金(CAF)和社会互助社(MSA)资格的低收入家庭。

2020 年 4 月 8 日,国民教育部表示,2020 年 9 月新学年开学,全法中小学和幼儿园将在原计划新增 440 个教师岗位的基础上,再新增 1248 个教师岗位。政府希望通过增加教师人数提高师生比,加强对学生的教育辅导,在一定程度上减少因疫情产生的教育不平等现象。

5 月 19 日,国民教育部表示,疫情期间和疫情趋缓后法国中小学先后复课,各类教职员工为此付出了巨大努力。因此,法国政府将拨付 5000 万欧元,为国民教育系统的 6.5 万名教职员工给予每人 330 欧元至 1000 欧元不等的补助。这是疫情期间继医护人员之后第二个获法国政府特殊补助的职业群体。特殊补助分发对象主要为:在法国实施"禁足令"期间,仍然自愿到岗为医护人员子女(共约 3 万名学生)提供照看和教学服务的教师、校医、行政人员以及信息员。补助分为 330 欧元、660 欧元以及 1000 欧元三档级别,根据疫情期间的工作量而具体决定,一次性付清。②

第五节　法国中小学教材建设

教材体现国家意志,是学校教育教学的基本依据,是解决"为谁培养人、培养什么人、怎样培养人"等一系列根本问题的重要载体。法国具有中

---

① Le ministère de l'éducation nationale, de la jeunesse et des sports: *Eté 2020: des vacances apprenantes pour un million d'enfants*, 2020 年 6 月 1 日,见 https://www.education.gouv.fr/ete-2020-des-vacances-apprenantes-pour-un-million-d-enfants-303933。

② 许浙景:《法国基础教育应对疫情相关举措》,《法国教育通讯》2020 年第 23 期。

央集权教育传统，素来重视中小学的教材建设。

一、教材的编写

（一）教材编写的依据——国家教学大纲

教材编写最重要的依据就是国家教学大纲。在法国的传统中，教学大纲一直是由主管国民教育的教育部长和督学共同制定的，督学在这一过程中既是大纲制定者又是评价者。随着科学技术的突飞猛进、知识的不断丰富、义务教育入学率的不断提升，这种较为封闭的大纲制定模式已明显不能满足教育的需求。教学大纲这一直接关系学生学习内容的纲领性文件在制定过程中需要更宽广的视野，需要倾听来自不同领域的声音。1990 年，在时任法国国民教育部长利昂内尔·若斯潘（Lionel Jospin）的推动下，教育部成立了由学者和一线教师组成的国家课程委员会（CNP, Conseil national des programmes），希望能够借此将课程大纲的制定与评价相分离。但实际上该委员会并不承担教学大纲的制定工作，其主要任务是为教育部部长提供改革的参考建议。教学大纲的制定被委任给了由学者领导的专家组。专家组的具体成员构成以及大纲制定过程一直是个"黑匣子"，教师甚至不了解教学大纲制定者的基本情况，其缺乏透明度的问题饱受诟病。

2005 年，法国国民教育部颁布了《学校未来课程与方向法》（*Loi d'Orientation et de Programme pour l'Avenir de l'École*），废除了国家课程委员会，其部分职能由同年成立的教育高级委员会（HCE, Haut Conseil de l'Éducation）承担。该委员会的主要工作是拟定教学大纲和指向学生核心素养的文件"共同基础"，并制定教师培训体系。法律规定，教育高级委员会由 9 名成员组成，其中 3 名由总统任命，2 名由国民议会议长任命，2 名由参议院议长任命，2 名由经济与社会委员会（Conseil économique et social）委员长任命。具体来看，委员会组成更加多元，既包括学者、督学，也包括教育界以外的代表，如杂志社主编、银行董事会主席等，但其具体的工作流程依然不够透明。

2013 年，法国课程高级委员会（Conseil supérieur des programmes）成

立。法国教育法（2020 年 1 月修订）第 L231–14 条规定：法国课程高级委员会是一个隶属于法国国民教育部的独立机构，由 18 名委员组成，每名委员任期 5 年。其中包括由国民议会教育常设委员会和参议院教育常设委员会分别任命的 3 名众议员和 3 名参议员，由经济社会与环境委员会（Conseil économique，social et environnemental）委员长任命的、来自该委员会的2 名成员，以及由国民教育部部长任命的 10 名在各自领域表现卓越且熟悉教育体系的合格人士。这 10 名合格人士一般来自高等教师与教育学院（ÉSPÉ, Écoles Supérieures du Professorat et de l'Éducation）、大型科研机构、国民教育督导处、协会或者工会。该委员会的主要职责是拟定小学、初中和高中阶段的教学大纲以及指向学生核心素养的"共同基础"，探索学业评价的形式，并负责教师的培训工作。这次改革的目的是希望保障教学大纲的科学性、教学性，加强教学内容、学业评价和教师培训之间的协调一致。与之前的机构相比，从成员组成的角度来看，课程高级委员会成员数更多，组内成员的异质性更强，且更加注重成员之间的男女比例。从决策过程的角度来看，其工作的透明度有了显著提高。该委员会通过的《课程章程》（*Charte des Programmes*）明确规定了教学大纲制定、评估和修订的相关程序。此外，委员会官网会及时公示教学大纲制定者的情况、顾问的情况、相关研究的情况，以及每年的工作计划和总结。

随着科学技术的进步及知识的日益丰富，学校的教学内容需要与时俱进才能满足社会对学校教育提出的新要求。为此，国民教育部会定期组织重新修订教学大纲。一般来说，法国的教学大纲每 6—8 年修订一次，小学、初中现行教学大纲为 2015 版教学大纲，高中为 2019 版教学大纲。除了这种全学科统一的、整体的修订外，平时国民教育部也会不定期地对某几门科目进行局部的修改和完善。例如，为了让所有学生能尽早了解有关气候和环境的相关问题，树立危机意识，法国国民教育部部长在 2019 年 6 月 20 日召开了课程高级委员会会议，要求在小学、初中阶段增加与气候变化、可持续发展和生物多样性相关的内容。课程高级委员会随即组织专业人士，对小学的科学与技术课程、初中的生命与地球科学课程和物理—化学课程的现行教学大纲进行了局部修订。

　　教学大纲的公示并不代表立刻生效，为保证教材编写的必要时间，法国教育法（2020 年 1 月修订）第 D311-5 条规定，除非国民教育部部长或高等教育、研究与创新部的部长在咨询教育高级委员会（Conseil Supérieur de l'Éducation）的意见后所作出的决定，教学大纲须在其公布至少 12 个月后才开始生效。

　　大纲实施后，课程高级委员会将组织高校研究机构、国民教育督导机构、预测与评估司（DEPP，Direction de l'Évaluation，de la Prospective et de la Performance）、学校制度评估委员会（Cnesco，Conseil National d'Evaluation Scolaire）、基础教育司（Dgesco，Direction Générale de l'Enseignement Scolaire）等机构，按照固定的程序对大纲进行定期评估。评估主要涉及大纲的有效落实程度、不同学校不同教师对大纲解读的差异、大纲对不同学生学习所产生的影响、学生学习期间遇到的困难以及对大纲的改进建议。课程高级委员会每年需要向国民教育部提交基于评估结果的报告，并呈递至议会。同时，教师、家长等相关利益群体也会对教学大纲起到评价监督作用。1994—1995 年，法国殖民地马提尼克出身的黑人诗人艾梅·塞泽尔（Aimé Césaire）的作品《返乡之路》（*Cahier d'un retour au pays natal*）和《殖民论述》（*Discours sur le colonialisme*）被列入高三年级法语文学科目的教学大纲。公众对此的反应非常强烈，一方面，许多教师认为这两部作品难度过大，不适合该年龄段的学生；另一方面，在当时的时代背景下，家长们对学生学习这种带有反殖民主义色彩的文章深表忧虑。一年后国民教育部就在教学大纲中删除了这两部作品。同样，2010 年高中教学大纲中所出现的奥维德（Ovide）的作品《爱的艺术》（*L'art d'aimer*），以及戴高乐将军的作品《战争回忆录》（*Mémoires de guerre*）也引发了社会的强烈不满，随即受到了国民教育部的关注。

　　（二）教材编写的过程

　　1.编写队伍组建阶段

　　法国基础教育阶段的教材编写以教学大纲为依据，通过文本、插图、练习及课堂活动将大纲中要求学生掌握的知识点具体化，以期辅助教师完成教学任务。教学大纲正式公布后，各出版社随即开始组建教材编写团队。从作者人数上来看，虽然现如今法国教材的编写通常由一个团队合作完成，但从历史上来看，教材最初是由作者完成手稿后交给编辑，或者在编辑的委托下独立编写完成的。从 19 世纪末起，出版社开始在某几门学科中组织多人共同编写教材，通过这种"强强联手"的模式来提高教材的竞争力。从 20 世纪 60 年代起，合作编写逐渐成为各出版社的惯例。据统计，在 1960 年到 2000 年间出版的外语教材中，有三分之二都是合作编写而成的。时至今日，为了能够跟上越来越快的教学改革节奏，教材编写团队越来越壮大，语文、历史等教材的编写团队人数甚至能高达 20 余人。

从编写成员的具体构成上来看，在过去，出版社一般会邀请总督学担任教材编写组的组长，组内成员也主要由督学构成。但这种模式在实际编写过程中存在较为明显的弊端。受限于自身政府官员的身份，同行及所属机构的评价对督学形成了一种无形的约束。因此督学在教材编写中不可避免地会使用大量官方话语，无法满足使用者的实际需求，这种较为单一的团队组建模式逐渐被抛弃。目前来看，教材编写团队成员日渐多元化，出版社一般会以学科为单位挑选督学、一线教师、学科专家、教师培训者组成 5—10 人的教材编写组，以保证教材的编写既能够反映学科最新研究成果，又能够考虑实际教学情况。在具体选择编者的过程中，出版社会听取编写组组长的建议，同时也会多方权衡。例如，许多出版社会选择一名在教育优先网（Réseau d'Éducation Prioritaire）所属学校工作的教师作为编写组的成员，以使教材的编写过程尽可能地兼顾各种背景的学生，满足多种教学环境的需要，从而扩大教材的适用范围。

2. 编写方案确定阶段

一般来说，教材编写工作于 5 月份正式启动。编写组首先要与出版社编辑一同制定详细的编写计划，其中包括教材中知识点的大致编排、章节划分以及知识点的具体呈现形式（例如，有的出版社会通过漫画的形式讲解知识点）。同时，教材的整体框架，如教材的总页数，教材中的文本、表格、图像以及练习所占的比例，也要在这一时期确定，方便后续编写工作的开展。编写方案制定完成后，编写组组长会向各组员分配各自负责的章节，并制定稿件交付计划。新教材从编写到投入使用的时间非常紧迫。从教学大纲的正式出台到新版教材的最终出版，一般只有一年左右的时间。对于出版社来说，延误教材的出版时间会造成巨大的损失，因此编写组需要严格遵守稿件交付时间。

3. 具体编写阶段

暑假是编者编写教材的主要时间段。在教材编写的过程中，出版社会组织编者定期开会共同研讨编写中所遇到的各种问题。与此同时，版面设计师会根据编者的想法着手设计教材版面模板。在法国，教师拥有自由选择教材的权利。一般来说，供教师选择的教材有十几个版本，所以教师需要尽快作出选择。想要在如此激烈的竞争中脱颖而出，教材不仅需要有高质量的内容，更要求要易读、易理解。因此，版面设计在此过程中发挥的作用不可小觑。通常，版面设计师在确定好版面的基本模型后，出版社会组织销售代表对其进行实地调查，或是邀请十几名教师召开会议收集意见，随后再对版面不断进行调整修改，以确保教材内容清晰明了。

4. 编辑加工阶段

一般来说，编者在 9 月份就能够完成教材文本的初稿。在此之后，编辑会进行数次审查和校对，除了关注文本的语言水平，还要核验教材中的习题，将出错率降到最低，更要确保教材与教学大纲的一致性，保证教材中没有出现违反道德及法律法规的内容。同时，在这一阶段，出版社专业的图像师和档案资料员会根据编者的要求，寻找或设计需要使用的插图。教材中所使用的插图一般包括资料类图像和技术类图像两类。资料类图像包括文件、照片、表格、图示、艺术作品的翻印以及报纸、书籍等印刷物的摘录。图像师和档案资料员除了需要寻找原版图像，还要负责处理版权事宜。由于其独特的教育性质，教材中会引用大量的文献资料。以初中教材为例，每本教材会使用约 300—400 张图像资料以及等量的表格或地图，高中教材的这一资料引用数更多。许多图像或文本都价格不菲，例如，法国漫画家克莱尔·布雷彻（Claire Bretécher）一张小漫画的授权引用价格要几百欧元，皮尔·佩雷（Pierre Perret）的歌曲《莉莉》（*Lily*）的授权引用价格更是高达几千欧元。因此在挑选配图、处理版权工作的过程中，价格也是出版社考虑的重要因素之一。技术类图像包括平面几何图形、空间立体图等等，这类插图由专业的图像师直接通过电脑绘图软件绘制而成。这种类型的图像所要求的精确度极高，通常图像师在完成草图后还需要编者进行最终审核，待审核通过后才能够定稿进入排版流程。

次年2月，教材排版基本完成。教材草稿会在小范围内进行实地试验。试验结束后，编者会结合教师的建议，对教材的文本、图表、版面等进行最终修改。法国中小学一般会在5月份确定下一学年的教材使用情况，因此教材终稿必须在3月初敲定，4月底完成出版，以确保样书最晚能够在5月初寄送到教师手中。教材终稿的完成并不代表编写工作的结束，在这一阶段编者还需根据教材终稿编写教师用书。虽然教师用书对版面设计的要求较低，但它需要囊括丰富的教材内容注解（以高二历史教材为例，教师用书中大概要编写800—900条注解）、教材练习答案和教材中课堂活动的相关建议，同样需要紧锣密鼓地开展编制工作。

5. 征订和印刷阶段

教材一经出版，出版社一般会通过委派销售代表、寄送样书和投放广告的方式对自己的教材进行宣传，以便能够扩大自己的市场占有率。首先，就出版社委派销售代表而言，各出版社一般会聘请具有教学经验的行业内人员作为其销售代表。一方面代表出版社向教师宣传讲解新版教材，另一方面收集教师对教材的意见并反馈至出版社。同时，销售代表还会定期组织图书展览会，或是参加大区教学资料中心（Centres Régionaux ou Départementaux de Documentation Pédagogique）或者省教学资料中心（Centres Départementaux de Documentation Pédagogique）组织的展览会宣传推荐本社所出版的教材、教辅。其次，就寄送样书而言，小学的教材一般在3月底就可以出版，出版后市镇当局会编制下一学年的教材采购费用预算。在这一时期各出版社会开始寄送样书，不同出版社寄送制度有所不同。

例如，有的出版社会向编制多于 4 个班级的学校寄送样书，有的出版社则实行申请制。样书的寄送量不可忽视，以贝林（Belin）出版社为例，平均每本新出版的初中教材要寄送 20000—30000 本样书，高中每本新教材要寄送 15000—20000 本样书。除了法国本土，海外省以及国外的法国学校也都在出版社的宣传范围之内。最后，就投放广告而言，出版社一般都会在各大教师协会杂志上投放广告，以提高教材的知名度。

6. 教材修订阶段

教材出版后，编者的工作仍在继续。首先，尽管每本教材出版前都经过了数次校对和审核，但还是不免会出现错误。例如，德拉格拉夫出版社（Delagrave）2016 年出版的职业高中高三年级的《历史—地理公民教育》教材中提到，"根据 1905 年的《政教分离法》，戴头巾的锡克学生被公立学校开除"，混淆了 1905 年的《政教分离法》（*Loi de séparation de l'Eglise et de l'Etat*）和 2004 年颁布的《头巾法案》（*La loi du 15 mars 2004*）的条文内容。针对教材中出现的问题，出版社会根据各方反馈意见，着手开展教材的修订工作。其次，法国国民教育部会不定期对某一门或某几门课程的教学大纲进行局部修订，针对这种情况出版社也要组织教材编写团队对教材作出相应的调整。最后，如果新版教材在第一年的销量不尽如人意，出版社则会召开会议或开展调查寻找销量低迷的原因，组织编者对教材的内容进行再次修改完善。

二、教材的出版

（一）商业类教材出版

虽然法律规定任何人都有编写、出版教材的自由，但由于教材短时大量印刷、需要特定销售渠道的特点，加之在教师自由选择教材的制度下，需要提前进行大规模的宣传，因此对于教材出版社的资金状况和发行配给能力都有一定的要求，市场进入门槛较高。在这种情况下，法国教材出版业呈现出集中化的特点，实际参与者的数量非常有限，大部分的市场份额被几大历史悠久的商业化出版社所垄断。目前，法国从事教材出版的出版社主要包括阿歇特出版社教育分社（Hachette Education）、博达斯出版社（Bordas）、纳唐出版社、德拉格拉夫出版社、迪迪埃出版社（Didier）、福舍出版社（Foucher）、阿提埃出版社（Hatier）、伊斯特拉出版社（Istra）、马尼亚赫出版社、雷兹出版社（Retz）、贝林出版社、布雷阿尔出版社（Bréal）、勒利弗尔斯克莱赫出版社（lelivrescolaire.fr）等，其中既有综合类的教材出版社，也有专攻某学段、某学科的教材出版社。

1. 贝林出版社

贝林出版社成立于 1777 年，自 19 世纪上半叶起开始发展教材业务，是法国历史最悠久的教材出版社，主要出版从学前至高等教育阶段的教材教辅、课外读物以及各领域学术著作。该出版社于 1877 年出版的阅读教材《两个小孩的环法之旅》（*Le Tour de la France par Deux Enfants*）涵盖了公民教育、历史—地理、科学等多学科，在 100 年间共售出了 840 万册，是法国阅读教材史上的经典之作。现如今，阅读科目的教材仍然是该出版社的核心品牌，近些年面向初高中学生的"布索勒"（Boussole）和"克莱希克"（Classico）系列阅读教材也都备受欢迎。随着国家大力提倡发展教育数字化，2016 年，贝林出版社相继开发了教材伴侣软件"Flash Belin"、个性化数字题库"Cahiers Connectés"，以及免费向师生开放的贝林数字图书馆（Digithèque Belin）。

2. 阿歇特出版社

阿歇特出版社 1826 年成立于法国巴黎，以教材出版起家。现如今是法国传媒巨头阿拉代尔（Lagardère）旗下的综合性出版集团，在美国、英国和西班牙等重要国际图书市场共拥有 150 个品牌和分支机构，年产图书 18000 余种，以教育类出版和大众出版（儿童、文学、生活类）为主。2010 年，它与江苏凤凰出版传媒股份有限公司共同创建了凤凰阿歇特文化发展有限公司（Hachettephoenix），开始进军中国市场。

阿歇特出版集团的教育业务规模十分庞大。一方面，该集团自主创立的阿歇特教育分社主要出版各科教材、教辅、暑期练习册、课外读物、词典、百科全书等，教育阶段涵盖幼儿园、普通中小学、适应性普通和技术教育学校（SEGPA，Sections d'enseignement général et professionnel adapté）、职业高中、技术高中、大学预科和大学通识，平均每年出版 1000 余部新品。其出版的马莱-伊萨克（Malet-Isaac）系列高中历史教材曾长期占据法国高中历史课堂，成为 20 世纪法国历史教科书中的经典之作。另一方面，同样从事教材出版的法国阿提埃出版社、迪迪埃出版社、伊斯特拉出版社现如今都隶属于阿歇特出版集团。2018 年，阿歇特出版集团总营业额达到了 22.52 亿欧元，其中教育类营业额为 3.15 亿欧元，约占集团营业额的 14%，在集团各大业务板块中位列第二。

3. 阿提埃出版社

阿提埃出版社成立于 1880 年。20 世纪 70 年代末，阿提埃出版社在合并了迪迪埃出版社和福舍出版社后，成立了亚历山大·阿提埃出版集团。该集团于 1996 年被阿歇特出版集团收购。阿提埃出版社主要出版从学前到高中阶段各科教材、教辅、课外读物，同时也出版高等教育阶段面向高等技术教育（BTS，Brevet de Technicien Supérieur）和高等教育与教师学院（ESPE，École Supérieure du Professorat et de l'Éducation）的教材。长久以来，阿提埃出版社在课外读物出版领域都保持着领先地位，其出版的"Annabac""Tout savoir""Chouette""Prépabac"等课外读物系列都备受好评。阿提埃出版社还有专门的青少年读物出版分支"青少阿提埃"（Hatier Jeunesse）。

4. 纳唐出版社

纳唐出版社成立于 1881 年，现从属于法国艾迪帝司出版集团（Editis），主要出版从学前到高中（包括普通高中和职业高中）阶段各科教材、教辅、儿童和青少年读物、工具书以及幼儿教育游艺品等等，并在 2006 年承担了法德共编历史教材法语版的出版工作。近年来，也开始涉足高等教育和职业教育相关的教材。同时，纳唐出版社设有国际部，其出版物远销 50 余个国家，并与非洲国家、阿拉伯国家合作出版了数部中小学教材，平均每年在法国海外售出 100 万册书籍。重视新技术在教学中的应用是纳唐出版社一直以来的传统，纳唐出版社的业务范围也因此更加广泛。早在 20 世纪上半叶，纳唐出版社就开始关注图像和语音在知识传播中的作用，是首批将图像引入儿童读物，并进行彩色印刷的出版社之一。同一时期，该出版社还自行或与其他公司合作生产教学用留声机、投影设备、显微镜等，并一直保持着对新技术的高度敏感。进入 21 世纪，纳唐出版社先人一步地确立了数字化转型战略。在 2000 年，就与博达斯出版社、西门子公司共同研发了法国第一代电子书包，随后又开发了诸多用于辅助教学的网站，在数字化教材、网络平台等领域积累了丰富经验。得益于此，现如今，除了互动式数字教材、电子书以外，纳唐出版社还提供多样化的数字教学服务，如搭建了小学教师交流平台"Léa.fr"、初中全学科网络练习平台"ViaScola"，并提供全国专业知识技能初步考核（Évaluation Initiale Socle de Connaissances et de Compétences Professionnelles）数字化解决方案以及个性化儿童照片书籍定制网站"T'choupi et moi"，等等。

5. 德拉格拉夫出版社

德拉格拉夫出版社成立于 1865 年，专注于初高中及高等教育阶段职业教育、技术教育（l'enseignement technique et professionnel）类教材教辅的出版。

6. 迪迪埃出版社

迪迪埃出版社成立于 1898 年，1978 年被亚历山大·阿提埃出版集团（Alexandre Hatier）收购，现隶属于阿歇特出版集团，主要出版语言类教材和中学阶段数学、数字科学与技术（SNT，Sciences Numériques et Technologie）以及生命与地球科学（SVT，Sciences de la Vie et de la Terre）教材。迪迪埃出版社从成立之初就一直侧重于语言类教材的编写出版，与欧盟委员会（Conseil de l'Europe）及旨在促进法语传播的法国国际教育研究中心（CIEP，Centre international d'études pédagogiques）均有合作，在语言教材领域积累了丰富的经验。时至今日，语言类教材依旧是该出版社的核心业务，主要出版针对法国学生的中小学法语教材教辅、法国中小学外语类教材教辅（包括英语、中文、德语、阿拉伯语、西班牙语等）、欧洲语言共同参考框架 A1—C2 各级别对外法语（FLE，Français Langue Étrangère）教材、教辅及课外读物，其中不乏用中文、英语、阿拉伯语、韩语等编写而成的法语学习教材。我国也引进了该出版社的多部法语学习类书籍。

7. 马尼亚赫出版社

马尼亚赫出版社成立于 1936 年，1993 年被阿尔班·米歇尔出版集团（Albin Michel）收购，现主要出版从学前至高中阶段的教材教辅、课外读物以及青少年文学读物。

8. 福舍出版社

福舍出版社成立于 1937 年，20 世纪 70 年代末被亚历山大·阿提埃出版集团合并，现属于阿歇特出版集团。该出版社从创立之初就一直专注于高等教育及初高中阶段职业技术类教材教辅的出版。现如今，福舍出版社还出版会计、公务员、护理、社工类等考试参考用书。

9. 博达斯出版社

博达斯出版社成立于 1946 年，现属于法国艾迪帝司出版集团（Editis），主要出版从学前至高中全学段、全学科的教材、教辅、工具书以及课外读物。近几年出版的自然科学类教材"Tavernier"（小学阶段）、"Lizeaux-Tavernier"（初中阶段）和"Lizeaux-Baude"（高中阶段）系列取得了很大成功。此外，博达斯出版社很早就开始开展对于电子教材的研究工作。早在 2000 年，其与纳唐出版社、西门子公司共同研发的法国第一代电子书包就已经开始在初四年级投入试验。

10. 布雷阿尔出版社

布雷阿尔出版社成立于 1969 年，现隶属于斯达迪拉玛集团（Studyrama）。在创立初期，该出版社主要出版大学预备班（préparatoire）教材。从 20 世纪 80 年代末，它开始涉足初高中教材领域。现主要出版中学、大学预备班及大学教材教辅，在经济、社会科学、历史—地理等科目上占有优势。同时，布雷阿尔也出版哲学、经济、环保、职业教育等领域著作。

11. 雷兹出版社

雷兹出版社成立于 1975 年，主要出版面向 3—12 岁儿童的课外读物、教育类著作、职业培训、卫生医疗行业书籍。

12. 勒利弗尔斯克莱赫出版社

勒利弗尔斯克莱赫出版社成立于 2009 年，是一家年轻的教材出版社，主要出版初高中各科教材、教辅。与其他老牌出版社相比，勒利弗尔斯克莱赫出版社的独特之处在于其教材编写模式的不同。首先，该出版社的教材编写组人数众多，包括负责撰写章节的主要作者、提供顾问服务的"高级合著者"（super-coauteurs）以及负责实地测试后进行意见反馈的合著者三类。据统计，每部教材都要由 50—250 名作者合作完成。其次，该出版社非常重视教师的实地经验，认为一线教师的工作经验最符合课堂需求，因此上述三类作者全部由一线教师担任。由督学以及学者组成的科学委员会（Comité Scientifique）在教材编写中只起到辅助咨询作用。虽然该出版社的资历尚浅，但其市场表现并不逊色。在其创立的第二年，该出版社所出版的初中二年级语文、历史—地理教材就卖出了约 25000 册。2015 年，法国国民教育部对初中教学大纲进行了修订。该出版社随即开始编写出版初中全科、全学段的教材，并在 2016 年新版初中教材的销售中占到了约 10% 的市场份额。随着 2019 年高中教学大纲的修订，该出版社又开始涉足高中教材。在新版高中教材的销售中更是获得了普通高中 16% 的市场份额，与纳唐出版社和阿歇特出版社持平，上升势头迅猛。

（二）教师协会出版

在法国，一部分非营利性教师协会也会编写出版教材。该类协会之所以会从事教材的编写、出版，还要追溯到教师协会网站的兴建。以学科为单位的教师协会性网站诞生于 21 世纪初，由教师个人网站发展而来。起初，建立个人网站的教师尚在少数，但彼此之间很快就建立了联系，并创立了自己的小团体。网站逐渐成为教师彼此分享经验、相互合作、资源共享的平台。但在网站建立初期，这种以学科为单位的协会性网站只是为了单纯满足教师间经验交流的需求，并没有涉及出版业务。

在同一时期，法国国民教育部也同样成立了教学资源共享网站。因此，这种依靠教师个人网站逐渐结盟的团体从一开始就没有得到官方教育部门的支持。不过，国民教育部所成立的这一官方网站并非全国性的，而是以学区为单位进行了划分，并没有完全发挥出互联网资源开放共享的优势。加之该网站对于发布内容的审核极其严格且程序繁琐，一般需要 1—3 个月的时间才能够正式发布。因此，教师们都更偏向利用教师协会网站分享自己的教学资源。一时间协会网站发展迅速，甚至在 2003 年国民教育总督导报告也曾经提到："有越来越多的教师在各种网站上传自己制作的教学资料。"

不过，由于没有来自政府部门的资助，资金匮乏很快成为这些教师协会网站不得不面对的问题。为了能够维系网站的正常运转，教师们开始寻求自筹资金的方法。其中，编写付费教学资料成为最可行、最能够满足需求的方式。出于此种考虑，教师协会开始自行编写教材及其他教学资料，并与出版社合作进行电子或纸质教材教辅的出版与销售。

对于这些教师协会来说，它们的主要目标是协会的正常运转而非盈利，因此其教材内容的电子版大部分都对公众免费开放，只有纸质的教材、练习册以及光盘需要付费购买。但是协会通常会与其合作出版社协商，将售价压低至同类商品的市场价以下。例如，阿歇特出版社第 4 学段（初二、初三、初四）数学教材定价为 27.9 欧元。相比之下，塞萨玛斯（Sésamath）同阶段数学教材定价只有 20.5 欧元。协会依靠出版社根据教材销量所支付的特许权使用费来维持日常工作，尤其是协会网站的正常运转。长期以来，法国教材出版社过于商业化的特点经常受到诟病，而教师协会的这一做法赢得了许多教师的青睐。此外，商业化出版社的教材编写队伍一般由督学、学者、教师培训师以及教师构成，而教师协会的教材完全由一线教师编写。相比之下，许多教师都认为协会的教材更加纯粹，更符合实际教学需求。因此教师协会的教材在教师群体中赢得了较高的声誉。以塞萨玛斯数学教师协会为例，2008 年，该协会网站每月的访客量就超过了 100 万，并有 50 万学生注册了其网站提供的"口袋数学"（Mathenpoche）项目，累计售出了约 30 万本纸质教材以及约 35 万本纸质练习册。此外，该协会编写的 2013 版初一数学教材在其出版当年销售量位居同类教材第一。

面对表现不俗的教师协会，传统教材出版社感受到了市场对于这种由一线教师编写而成、更贴近实际教学的教材需求，因此也开始纷纷行动。有的出版社开始寻求与教师协会合作，有的出版社开始扩大教材编写队伍中一线教师的比例，并更加注重在教材编写各环节中教师的反馈意见。还有效仿教师协会新成立的教材出版社，如勒利弗尔斯克莱赫出版社。该出版社模仿塞萨玛斯教师协会，招募了全部由一线教师构成的庞大教材编写队伍，且教材内容的电子版也对公众实行免费开放。但与其不同的是，塞萨玛特出版社始终将自己定位为非营利性的教师协会，而勒利弗尔斯克莱赫则完全是一家商业化教材出版社。

（三）地方语教材的出版

法国拥有丰富多样的地方语言。法国文化部（Ministère de la Culture）数据显示，法国本土有近 20 种地方语言。这些语言并不是法语的变体，而是独立的、少数族群使用的语言。其中，布列塔尼语（Breton）、巴斯克语（Basque）、奥克西坦语（Occitan）和科西嘉语（Corse）是几个使用人数较多的地方语言。虽然在历史上法国曾为了增强民族认同感、维护国家的团结统一，长期打压地方语言的发展。但近年来，随着尊重文化多样性成为世界较为流行的价值观，法国的语言政策也有所松动。特别是 2013 年，重建共和国学校的方向与规划法（Loi d'Orientation et de Programmation pour la Refondation de l'École de la République）进一步提高了地方语、地方文化教学在法国教育体系中的地位。据法国基础教育司所做的调查显示，2013—2014 学年，全法共有 404778 名学生接受了地方语言文化教育。其中，小学生占比 73%，初中生占比 17%，高中生占比 10%。

一般来说，开设地方语言文化课程的有公立学校的双语教学班级、私立学校的双语教学班级以及地方语言学校。其中以地方语言学校为主，布列塔尼语学校（Diwan）、巴斯克语学校（Seaska）、奥克西坦语学校（Calandretas）等，都属于此类学校。这种地方语言学校大部分都是与国家签订协议的私立学校，按照规定国家承担学校教师工资，同时学校也需要按照国家颁布的教学大纲进行教学。在此类学校中，教师通常采用沉浸式的教学方法，所有科目全部使用地方语进行教学。但随着年级的增加，也会逐渐加入法语学科的教学。

　　为了满足上述三类学校教学的需求，法国会出版专门的地方语教材。中央政府对于地方语言教材的管理较为严格。首先，从出版机构来看，一般是由法国国民教育部下设的、负责教学资源的全国教学支持与创新网络学区分部（Canopé，Réseau de création et d'accompagnement pédagogiques）成立公共出版社负责组织地方语教材的编写和出版。或者是由国民教育部和地方语官方机构联合成立出版社，如负责巴斯克语教材编写出版的 IKAS 教学中心（Centre Pédagogique IKAS）就隶属于国民教育部和巴斯克语言公共办公室（Office public de la langue basque）。其次，从出版社具体人员构成来看，作为出版社的核心成员，此类出版社的编辑通常由出版委员会（Conseil d'Édition）投票决定。而委员一般都由政府人员组成，如大区督学、国民教育督学等。这样进一步确保了国家对于地方语教材的管控。再次，从教材内容来看，为了满足公、私立学校双语班级以及地方语学校的教学需求，地方语教材出版社会出版全科教材。但此类出版社真正需要编写的只有地方语的语言类教材。其他学科，如公民教育、历史—地理按照要求全部直接翻译商业化出版社的教材，以确保内容的一致性。

　　（四）出版要求

　　法国政府部门对教材的管理主要在于，审查教材中是否出现了违反宪法、其他法律法规及道德规范的内容。对于其他青少年出版物还会进一步加强管理。日常监督主要依靠督学、教师、家长及社会多方力量。

　　教材要遵循国家对于一般出版物的要求，书籍、期刊、小册子、版画、地图、明信片、乐谱、舞谱等印刷品，在其出版之前，出版社都需要向法国国家图书馆（BNF，Bibliothèque nationale de France）递送一份样书/样本以作备案，教科书自然也要遵循这一规定。递送时间最晚不能超过出版物的上市时间，寄送时需同时附上一式三份的申报表。未更改的再版出版物无须寄送。

　　除教科书外的其他青少年出版物还要接受专门的出版前审查程序。青少年作为特殊群体，正处于世界观、人生观、价值观形成的关键时期，是非判断能力较弱，容易受到不良信息的误导。因此，各国都非常注重对于青少年的保护，都会有意对青少年进行舆论和文化传播上的引导。法国也不例外，早在1819年就颁布了世界上第一部《反淫秽法》。1949年7月16日，为了应对儿童出版物和连环画迅猛发展给青少年带来的负面影响，议会通过《关于面向青少年的出版物法》，建立起特别针对青少年的出版物特殊审查制度，不仅将受众主要为青少年的读物纳入其监督范围之内，而且还包括对青少年有危害的所有出版物。规定在出版前，青少年出版物除了要向法国国家图书馆呈递的样书／样本外，还需向司法部下属的青少年出版物检测与控制委员会（CSCPJ，Commission de surveillance et de contrôle des publications destinées à l'enfance）递送2本样书／样本（教科书只需向国家图书馆递送样书，无须向该委员会递送）。青少年出版物中若出现任何色情、道德败坏、煽动歧视仇恨、侮辱人格尊严、暴力行为、持有或贩运麻醉药品或精神药物及其他任何被认定为违法犯罪或可能损害儿童身心发育的内容，将查封和销毁出版物，并追究相关责任人的刑事责任。该委员会每年召开四次以上的会议，由行政法院的法官主持会议，组成成员有法官、国会议员、出版商、作家、青年团体、教育工作者和家庭协会代表等。其主要职责为：检查所有青少年出版物；对不健康的文字图片资料有权直接向内务部报告；对青少年进口出版物进行审读并提出建议。

三、教材的选用

（一）教材的选择

法国国民教育部并不指定学校选用哪一出版社的教材或者是否使用教材。教师在备课和上课过程中可以使用自编学案、学区或教育部官网上的教学资料及其他网络资源。但法国教师和学生整体上对于教材的认可度依然比较高。尤其在中学阶段，据2018年教育出版社协会公布的数据，法国全国约有91%的高中生持有纸质教材，30%的高中生拥有电子教材，科目主要集中在语文、数学、英语等必修科目。有93%的高中生会在家使用教材，主要用来寻找确切信息、帮助理解内容或者补充课程以及准备高考。有73%的教师会使用教材备课，62%的老师会在课堂中使用教材。由此可见，教材在所有类型的教学资源中依然占据着难以撼动的地位。

法国在 1985 年 8 月出台的第 85—924 号法令规定，教材选用过程中，教师要以学科为单位，在校长的主持下，与学校理事会（Conseil d'Administration）共同商议教材选择的原则（如价格、教材确定的具体时间等）。学校理事会有权对教材选用的原则发表意见，在教材选择会议结束后，学校须将会议的具体情况，包括参会人数、投票情况、已达成一致的教材选择原则上报至学区。但最终还是由各学科教学组共同确定教材的具体版本。一般来说，为了方便教材管理，在一所学校内，同一年级同一学科需选择同样版本的教材。当然，教师也完全有权利不使用教材，是否使用教材完全取决于教师的课堂规划。对于那些希望在教学中充分发挥个人科研能力、寻求在教学方法上拥有更大自由度的教师们来说，因地制宜的教学材料更能够满足他们的需求。尤其是在实行全科教学的小学阶段，使用教师的自编学案更有利于开展跨学科的综合性学习。因此，在课堂中不使用教材的教师也并不少见。

关于教材选择的标准，1986 年 3 月政府发布了有关初中教材选择的通报。虽然该通报只针对初中阶段，但随后国民教育部也公开表明，这一原则同样可适用于其他教育阶段。具体来看，首先，教材内容须切合教学大纲，并能够达到培养学生逻辑思维、培养学生书面、口头及图像表达能力、养成个人学习习惯的目标。其次，教材的内容及整体构思规划，应有助于学生开展跨主题学习。再次，教材的知识内容、练习以及方法应科学严谨。最后，教材的选用标准还应包括内容保持客观、尊重不同的观点、无性别及种族歧视、简洁明了、语言正确且质量较高、文献和图像质量高且贴切性强等因素。当然，在教材选择过程中，价格也是需要考虑的重要因素之一。

除了以上这种大方向上的选择标准之外，一些具体到学科教学内容、教学法上的选择标准对教师来讲更有实际性的参考价值。官方偶尔会以指南的方式对某一学段、某一学科教材的选择提出建议。例如，在中央一级，法国国民教育部下属的全国教学支持与创新网络（Canopé，Réseau de création et d'accompagnement pédagogiques）在 2018 年组织了学区、国民教育科学委员会（CSEN，Conseil scientifique de l'éducation nationale）等部门的专家以报告的形式指导教师如何选择阅读教材。这部名为《阅读教学与教材：如何选择?》(*Pédagogies et manuels pour l'apprentissage de la lecture : comment choisir?*) 的报告共分为三个部分，在第一部分中，报告简要总结了有关阅读学习机制的相关知识，并分析了教材在阅读教学中的作用。在第二部分中，报告研究了在数字化的背景下，教科书的使用、影响及其前景。在前两部分的基础之上，鉴于小学一年级阅读教学的难度及其重要性，报告以一年级为例进一步提出了一系列指导阅读教材评价、选择的原则及具体框架（见附录三）。最后，在第三部分中，报告以巴黎学区为例，介绍了该学区在2017—2018 学年开展的阅读计划中，教材的选用标准及最终所选定的 5 本教材。虽然明确标注了被选定教材的名称、出版社等具体信息，但专家组同时指出尚未对这些教材的有效性进行随机评估，以明确官方对于教材选择的中立态度。

在学区层面，有的学区也会组织督学等专家编写教材选择指南，为教师提供教材选择的思路，如里昂学区（Académie Lyon）2018 年公布的第三学段数学教材选用指南（见附录四）。但在教材出版自由、选用自由的制度之下，这种带有官方色彩的教材评价标准数量极少，大多数都是为了回应学区内部教师的需求，而编写的针对特定年级、特定学科的教材评价标准。

（二）教材的采购

自法国实行义务教育制度以来，中小学教材费用的支出主体逐步从家庭走向政府。现如今，法国大部分中小学的教材都由各级政府部分或全额资助，具体的资助主体、资助金额根据不同学段、地区而有所差异。

1. 小学阶段

法国从未出台任何法令规定政府需要承担小学的教材费用。但从传统上来讲，这一部分费用主要由市镇政府负担。从历史上来看，1833 年《基佐法》（*Loi Guizot*）颁布后，市镇政府开始承担贫困家庭的小学教材费用。自 1890 年起，法律又进一步规定市镇政府需要为学生购置学习用品。虽然没有明确要求必须购买教材，但教材作为教学中重要的参考资料，基本都会被学校列入选购范围。也就是从那个时期起，虽然没有明确规定，但实际上市镇政府已经开始为小学教材的采购提供资助，同时也开始实行循环使用的教材出借制度。市镇政府资助小学教材的传统由此而来，并延续到了今天。虽然时至今日市镇政府依旧没有承担小学教材费用的义务，但大部分市镇政府还是会根据情况部分或者全部为小学教材购买提供资金支持。

现如今，从资助的方式上来看，法国大部分市镇会根据学生人数直接向学校拨款。但在很多情况下，这一部分费用依旧并非教材专款，而是一种给学生的开学补助。学校可用于购买教材、文具等学生必备的开学用品。从资助的具体金额上来看，在市镇开始实行资助政策的初期，法国每版教学大纲的有效年限还非常长（例如，1882 年颁布的小学教学大纲一直到 1923 年才被新版教学大纲代替，之后又一直到 1938 年才再次编订了新版大纲①），加之教材循环使用制度的实行，这种资助并不会给市镇带来太大的经济压力。但近些年来，面对信息总量的加速膨胀，教学改革的速度也因此在不断加快。这就意味着教材淘汰的速度将越来越快，给市镇带来了不小的财政压力。

2. 初中阶段

法国初中的教材费用由国家承担。自 1964 年起，中央政府通过向家庭发放一次性津贴的方式，开始部分承担初中教材费用，学生在当时既享有教材使用权，同时也享有教材的所有权。1975 年哈比法（Loi Haby）明确规定，自 1977 年起国家全部承担初中的教材费用。中央政府按照学生人数直接向学区拨款，学区再向各初中拨款。同时开始实行教材循环使用的免费租赁制度，即教材归国家所有，学生仅保有使用权。一套教材平均需要循环使用 4 年。

2015 年，法国首次一次性修订了初中所有年级、所有科目的教学大纲，这意味着初中所有的教科书都需要更新换代。法国每本初中的教材价格一般

---

① A. Choppin：L'édition scolaire française et ses contraintes：une perspective historique, in Manuels scolaires, *regards croisés*, Caen：CRDP de Basse-Normandie, 2005, pp. 39-53.

在 20—30 欧元，这给中央政府带来了巨大的财政压力。法国国民教育部分批次在两年内投入了约 2.6 亿欧元完成了初中所有教材的更换。[①] 具体来看，按照教学的轻重缓急，在 2016 年开学时首先更换了初一到初四年级语文、数学、历史—地理教材，以及初一的科学教材和初二的第二外语教材；2017年开学时更换了剩余科目的教材。这样一方面有效缓解了政府的财政压力；另一方面，也给出版社留出了足够的教材编写时间。

3. 高中阶段

高中教材费用长时间以来都是由家庭承担的。在 1998 年，中央大区（Région Centre）率先开始资助高中教材。随后，1999 年上诺曼底大区（Région Haute-Normandie）、2000 年普罗旺斯—阿尔卑斯—蓝色海岸大区（Région Provence-Alpes-Côte d'Azur）、2001 年法兰西岛大区（Région Ile-de-France）、2002 年罗纳—阿尔卑斯大区（Région Rhône-Alpes）相继开始颁布政策为高中生提供教材补助。其中，法兰西岛大区是第一个实行教材完全免费的大区。截至 2002 年，法国有约 43% 的高中生享受到了教材资助政策。[②] 随后，其他大区也陆续颁布了类似的政策。2004 年，法国本土除科西嘉（Corse）外的大区全部实行了教材资助政策，但后来有的大区有所间断。近年来，法国本土的所有大区都实行了高中教材资助政策，但资助的具体金额和具体形式、甚至当年要不要继续实行这一政策都会受到多方面因素的影响，如地方政府换届、教学大纲改革带来的教材大批量更换，以及教材价格的变动等。大区内部不同类型学校、不同年级间资助的金额也会根据实际情况有所区别。

总体来说，从资助的金额来看，有小部分大区全额承担了高中教材费用，其他大部分大区则或多或少地实行部分资助政策。但一般来讲，全额

---

① Sénat：*Projet de loi de finances pour 2017*：*Enseignement scolaire*，2016 年 11 月 24 日，见 https://www.senat.fr/rap/a16-144-3/a16-144-3_mono.html#toc49。

② Syndicat national de l'édition：*Financement des Livres Scolaires dans les Lycées*，2002 年 5 月 1 日，见 https://www.lesediteursdeducation.com/app/uploads/sites/2/2018/03/act-15-f1-Enquetefinancementmanuels.pdf。

承担高中教材费用的大区，同时也会实行教材的循环使用制度。也就是说，学生只有教材的使用权，并没有所有权，一般循环教材的使用年限至少是 4 年。从资助的具体形式来看，全额承担高中教材费用的大区会直接根据学生人数向学校拨款。实行部分资助的大区或者根据学生人数直接向学校拨款，或者通过大区学生卡以图书购买券的方式直接发放至学生个人，学生可凭券去合作书店购买，或通过家长联合会订购。

2019 年，新版高中教学大纲颁布。考虑到法国 2021 年的新高考改革，2018 年及以后入学的普通类以及技术类高中生自 2019 年起都需要使用新版大纲教材。也就是说，在 2019 年秋季入学时，高一和高二年级的学生要全部配备新教材，2020 年新高三年级学生也要全部配备新教材。面对这样大规模的教材更新换代，不同大区采取了不同的措施。几个一直全额承担教材费用的大区依然在延续这一教育优先的传统，如法兰西岛大区、卢瓦尔河大区（Région Pays de la Loire）、普罗旺斯—阿尔卑斯—蓝色海岸大区（Région Provence-Alpes-Côte-d'Azur）。还有的大区临时提高了教材资助额度，如诺曼底大区（Région Normandie）的资助额度从之前的每人 70 欧元提高到了每人 120 欧元。不过，也有降低资助额度的大区，如布列塔尼大区（Région Bretagne）。

无论是全额承担还是部分承担，对于大区来说，教材都是一笔不小的支出。以法兰西岛大区为例，该大区拥有 670 所高中，约 26 万高中生。在此次教学大纲改革需要更换全套新教材的情况下，每人每学年的教材费用为 180—250 欧元，平均下来大区需要向每名学生投入 340 欧元，3 年[①] 共计需投入 1.5 亿欧元。[②] 而实行部分资助的大区虽然不需要短期大规模的投入，但每年都需要一定量的支出。例如，在不牵扯教学大纲改革的年份下，

---

① 职业类高中只有 2019 年及以后入学的学生使用新大纲，即 2019 年只更新职业类高一年级学生的教材，因此各类型高中教材全部更新完毕需要 3 年时间。

② Région île de France：*Manuels scolaires des lycéens：gratuité pour tous et virage numérique*，2019 年 5 月 29 日，见 https://www.iledefrance.fr/manuels-scolaires-des-lyceens-gratuite-pour-tous-et-virage-numerique。

诺曼底大区每年向每名学生资助 70 欧元。大区每年的教材资助费用在 550 万欧元左右。而在 2019 年大纲修订后,该大区将资助金额提高至了 120 欧元,教材资助费用达到了 920 万欧元。① 为了帮助大区缓解由于集中更换教材带来的经济压力,2020 年 1 月,法国国民教育部、公共财政部(Ministre de l'Action et des Comptes publics)以及法国大区协会(Régions de France)联合出台政策,允许大区将教材购买费由以前的经常性费用(dépenses de fonctionnement)改记为投资费用(dépense d'investissement),以此来鼓励大区资助高中教材购买。

四、近年来的改革

2015 年年初,在《查理周刊》遭遇恐怖袭击后的默哀活动上,一些学生拒绝默哀,这一行为引起了法国社会的广泛担忧。为确保法国青少年一代对法国价值观的认同,确保自由、平等、博爱、世俗等共和理念薪火相传,法国国民教育部出台了名为《共和价值观学校总动员》(*Grande mobilisation de l'École pour les valeurs de la République*)的 11 条措施:一是加强共和价值观教育;二是重塑尊师重道,提倡共和礼仪;三是在中小学增加有关公民教育的课程;四是加强与学生家长的联系与交流;五是动员地方相关部门发展公民教育;六是将法语列入优先发展事项;七是落实"反脱离社会计划";八是强化反对"社会和本土宿命论"行动;九是帮扶弱势群体;十是动员高等教育界就社会问题开展研究论证;十一是强化高等教育及科研界的社会责任。

其中公民教育被列入了法国中小学必修课程,于 2015 年 9 月正式开课。公民教育课将在中小学共设置 300 小时的课程,小学生每周 1 课时,初高中学生半个月 1 课时。课程将就纪律、自由共存、公民共同体、平等博爱等原则进行阐述,并将反对种族主义、反对偏见、反对歧视等内容纳入教学当

---

① Christine Wurtz:*La Région Normandie augmente son aide à l'achat des livres scolaires des lycéens*,2019 年 8 月 25 日,见 https://www.francebleu.fr/infos/education/la-region-normandie-augmente-son-aide-a-l-achat-des-livres-scolaires-des-lyceens-1558370583。

中。公民教育课一般由历史—地理教师担任，大部分出版社也将公民教育与历史—地理教材合二为一。

第六节　法国 STEM 教育

一、"共同基础"对 STEM 教育的规定

2016 年新修订的"共同基础"①规定了学生在 16 岁离开学校时应该具有的知识、能力和文化。"共同基础"包含 5 个领域的要求，即用以思考和交流的语言，学习的方法和工具，成为公民的训练，自然科学体系与技术体系，理解世界和人类活动。

自然科学体系与技术体系为学生提供发现自然及其现象所必需的科学技术文化的基础。这关系到激发学生的好奇心，激发他们自主探索、提出问题、寻求答案和发明创造的欲望，在激发的同时向学生介绍人类面临的巨大挑战，从而促使学生运用敏感而科学的办法发现周围的自然环境，为每个人的科学和技术实践奠定基础。运用科学方法即一种更理性的方法对宇宙进行解释，让学生了解宇宙的演化，这样的解释一方面将事实和可验证的假设区分开，另一方面将观点和信仰区分开。学生要掌握一定关于元件和系统运转的知识，并能够运用自己的知识使系统正常运转，从而可以熟悉技术世界。在这个资源受限的社会环境中，技术的运用可以保证效率。让学生认识到数学的重要性，在这一领域的学习中是相当重要的，数学为现象的科学表征成为现实提供了可能性。运用基于数学的方法、概念和工具，学生会更加了解科学技术的历史发展，这些发展在不断改变人们的视野和对地球上资源的利用。

为了更好地了解和理解大自然、自然现象和自然的变迁，共同基础要

① Le ministère de l'éducation nationale, de la jeunesse et des sports: *Le socle commun de connaissances*, *de compétences et de culture*, 2020 年 11 月，见 https://www.education. gouv.fr/le-socle-commun-de-connaissances-de-competences-et-de-culture-12512。

求学生掌握如下的知识①：人体的主要功能、世界的特征与统一性、物种的进化和多样性；宇宙和物质的结构、生物圈的主要特性及其转变；能量及其多种形式、运动和使其运动的力；数字和大小、几何、随机事件；技术元件和系统的主要技术特征。共同基础在该领域要求学生掌握的知识涵盖了包括生命科学、生物学、地理学、数学多个学科，体现了 STEM 教育提倡的学科贯通和融合的理念，并添加了传统教育教学中所欠缺的技术因素。

在具体实践层面上②，首先学生要学会调查研究：学生以自己观察的现象为基础，描述现象并发现问题；收集、组织和处理有用的问题；提出假设并对其进行检验和证明；通过反复的实验和试错探索多种路径；通过建模重现情景；分析、争论并进行不同类型的推理（类比，演绎推理）；使用科学语言明确地使用和表达测量和研究的结果。然后学生要具备想象、设计和制造技术元件和系统的能力，比如简单的计算机应用程序。设计和制造的具体实践锻炼了学生的观察力、想象力、审美、手工才能和技能、实践能力和其他与科学技术相关的能力。

针对这个领域，学生需要了解个人和集体的责任，获知自己对环境和公共卫生的责任，明白人类的活动对环境、对卫生的影响以及保护自然资源和物种多样性的必要性，要认识到关注子孙后代发展和与他们共同发展的必要性。同时要让学生知道健康是建立在协调的生物学功能基础之上的，而生物学功能可能会被环境中的物理、化学、生物学和社会因素破坏，并且其中某些风险因素取决于社会行为和个人选择。学生要懂得合理饮食和体育锻炼有利于身体健康，要遵守日常生活中遇到的技术产品有关的基本安全规则。

"共同基础"有关自然科学和技术体系领域的规定，保证了学生在义务

① Le ministère de l'éducation nationale，de la jeunesse et des sports：*Projet de socle commun de connaissances*，*de compétences et de culture*，2015 年 2 月 12 日，见 https：//www.education.gouv.fr/media/22238/download。

② Le ministère de l'éducation nationale，de la jeunesse et des sports：*Projet de socle commun de connaissances*，*de compétences et de culture*，2015 年 2 月 12 日，见 https：//www.education.gouv.fr/media/22238/download。

教育阶段接受科学、技术相关的教育，通过科学教育了解科学理论，进行科学实践，学会运用科学的方法思考问题、解决问题。依靠单一学科，是无法达成共同基础的要求的，STEM 的跨学科交叉融合的理念在共同基础上体现得淋漓尽致。

二、国际测评中法国学生 STEM 能力表现

（一）PISA

根据 2018 年 PISA 测试结果①，法国在阅读、数学、科学三项测试中的得分分别是：493、495、493，均略高于 OECD 国家平均水平（487、489、489），排在 OECD 国家的中游水平。这显然与法国的综合国力和创新能力排名不相匹配。495 分的数学成绩使得法国在经合组织成员国中位居 15—24 名这一档次，79% 的学生达到了 2 级的水平即这些学生可以在没有直接指导的情况下运用数学的方式表述一个简单的情境，如比较两条路线的长短，货币换算等，经合组织的所有国家这一数据的平均值是 76%。大约九分之一的学生（11%）达到了 5 级及以上的水平，这些学生能够对复杂的情况进行建模，并可以根据不同的问题选择合适的应对策略，法国这一数据与经合组织（10.9%）基本持平。但法国只有 1.8% 的学生达到了最高的 6 级水平，低于经合组织的 2.4%。② 由此可以看出法国义务教育阶段的数学教学更重视基础问题的解决，法国学生更擅长解决具体问题，在解决日常生活问题上更加灵活，但在解决复杂问题的能力上仍有欠缺。③

在科学素养测评结果中，法国仅高于平均水平 4 分，在经合组织成员国中位于 16—23 名这一档次。78% 的学生达到了 2 级及以上的水平，略低

---

① Organisation de coopération et de développement économiques：*Résultats de l'enquête PISA 2018*，2019 年，见 https：//www.oecd.org/pisa/PISA-results_FRENCH.png。

② Organisation de coopération et de développement économiques：*Programme international pour le suivi des acquis des élèves（PISA）Résultats du PISA 2018*，2019 年，见 https：//www.oecd.org/pisa/publications/PISA2018_CN_FRA_FRE.pdf。

③ 张梦琦：《PISA 调查：法国学生在解决日常生活问题上更加灵活》，《比较教育研究》2014 年第 6 期。

于经合组织的 79%，达到 2 级水平的学生至少可以辨识出科学现象并进行正确的解释。6.6% 的学生达到了 5 级或 6 级的水平，经合组织达到这一水平的学生比例是 6.8%，这些学生可以创造性地、独立地将科学知识应用于各种各样的情况，包括他们不熟悉的情况。[1] 法国的科学教育整体水平是略低于经合组织的平均水平的，PISA 测试的结果暴露出了法国的数学和科学教育的问题，这对教育提出了新的要求，发展 STEM 教育，打破学科界限，对于评估结果来说是具有积极意义的。经合组织同样帮助各国制定和执行其教育政策，经合组织为成员国和合作伙伴国家提供专业知识的支持。经合组织会派出审查小组，到各国进行实地调查，审查其教育系统的运行和能力体系的培养并协助其制定和实行可以改善这些系统的政策。各国同样可以申请参与第三国审查，与同伴国家就事先商定的主题开展临时研究，也可以申请与其他国家进行教育政策比较审查。[2] 借助经合组织平台，参考别国 STEM 教育政策与改革成功经验对法国 STEM 教育发展是有着促进作用的。

（二）TIMSS

国际数学与科学趋势研究（TIMSS）成立于 1959 年，是国际教育成就评价协会（IEA）发起和组织的国际教育评价研究和评测活动。TIMSS 从 1995 年开始，每 4 年开展一次评估，主要测试四年级和八年级学生（对应法国的小学四年级和初中三年级的学生）的数学与科学学业成绩，以及达到课程目标的情况。如今，TIMSS 已经进入了第三个 10 年和第七个数据收集的周期。大约有 60 个国家利用 TIMSS 的评估数据来检测本国教育体系在当前国际化背景下的有效性，在每个周期都有新的国家加入 TIMSS 评估[3]，法

① Organisation de coopération et de développement économiques：*Programme international pour le suivi des acquis des élèves（PISA）Résultats du PISA 2018*，2019 年，见 https：//www.oecd.org/pisa/publications/PISA2018_CN_FRA_FRE.pdf。

② Organisation de coopération et de développement économiques：*Travaux de l'OCDE sur l'éducation & les compétences*，2019 年，见 http：//www.oecd.org/fr/education/Travaux-de-locde-sur-leducation-et-les-competences.pdf。

③ Le ministère de l'éducation nationale，de la jeunesse et des sports：*TIMSS 2019 au CM1-Cadre de l'évaluation*，2021 年 1 月，见 https：//www.education.gouv.fr/media/73328/download。

国也是 TIMSS 评估的对象国之一。科学、技术、工程、数学即 STEM 教育的 4 个组成部分，是学校课程的关键领域。当今的许多工作都需要对数学和科学有基本的了解，数学和科学也是人类日常生活的基础，科学使人们了解自然界，包括气候、土地、水资源、食物和能源问题，数学帮助人们完成大量的日常任务，对于开发人们所依赖的新技术（如计算机、智能手机等）至关重要。因此，TIMSS 作为对于数学和科学教育的评估，是监测教育有效性的宝贵资源。

在 2019 年的 TIMSS 评估中，法国小学四年级学生的表现并不尽如人意，数学得分为 485 分，科学得分为 488 分。虽然和四年前的那批学生相比，成绩保持了相对的稳定（2015 年 TIMSS 评估得分：数学 488 分，科学 487 分），但该成绩依旧与欧盟国家（数学 527 分，科学 522 分）和经合组织成员国（数学 529 分，科学 526 分）存在着差距。[1] 从表 1–5 中学生成绩的等级来看，无论是在欧盟范围内还是在世界范围内，法国学生在 2019 年 TIMSS 两个学科评估中的表现都处在平均水平以下，并且与平均水平有着较大的差距，法国在评估中获得较好和中等等级的学生比例，均低于欧盟学生和世界学生十余个百分点，达到高等级的学生比例更是不到欧盟学生和世界学生比例的一半。

表 1–5　学生在 2019 年 TIMSS 评估中获得的等级分布情况

	高（625 分）	较高（550 分）	中等（475 分）	低（400 分）
数学				
法国	3%	21%	57%	85%
欧盟	9%	39%	76%	94%
世界	7%	34%	71%	92%
科学				

---

[1] Le ministère de l'éducation nationale, de la jeunesse et des sports：*TIMSS 2019-Évaluation internationale des élèves de CM1 en mathématiques et en sciences*：*les résultats de la France toujours en retrait*，2020 年 12 月，见 https://www.education.gouv.fr/media/73349/download。

	高（625分）	较高（550分）	中等（475分）	低（400分）
法国	3%	22%	59%	86%
欧盟	7%	37%	75%	94%
世界	6%	32%	71%	92%

资料来源：Le ministère de l'éducation nationale，de la jeunesse et des sports：*TIMSS 2019-Évaluation internationale des élèves de CM1 en mathématiques et en sciences*：*les résultats de la France toujours en retrait*，2020 年 12 月，见 https：//www.education.gouv.fr/media/73349/download。

　　法国小学四年级学生在本次评估中成绩不佳是有迹可循的，首先参与 2019 年评估的学生绝大多数都是在 2015—2016 学年入学读一年级，而法国的新版小学课程是从 2016 年开始生效的，所以这批学生在一年级时学习的是 2008 版的课程，从二年级开始学习新课程，在两种版本的课程衔接上难免遇到困难。另一个客观原因是，法国参与评估的学生的平均年龄为 9.9 岁，欧盟学生和世界学生的平均年龄均为 10.3 岁，从儿童认知发展的角度来说，0.4 岁的差距是不可忽视的。更为重要的一个原因是在教学时长方面，法国学生一年接受科学教育的实际时长为 47 小时，仅仅占据了整体教学时长的 5%，远低于欧盟 67 小时科学教育时长的平均水平。[1] 但无论出于何种原因，法国在 TIMSS 评估中的不佳表现都为法国的科学和数学教育乃至 STEM 教育的进一步推进敲响了警钟，加速学科融通，提升学生学习能力势在必行。

二、法国基础教育阶段 STEM 教育开展现状

　　STEM 教育作为一种学科融通的理念，在法国并没有作为单独课程出现在教学计划之中。STEM 教育的具体实施主要依托于课程的开发，基础教育阶段 STEM 课程的学习应力图通过少数大概念来整合学科知识，促进学生

---

[1] Le ministère de l'éducation nationale，de la jeunesse et des sports：*TIMSS 2019-Évaluation internationale des élèves de CM1 en mathématiques et en sciences*：*les résultats de la France toujours en retrait*，2020 年 12 月，见 https：//www.education.gouv.fr/media/73349/download。

进行实践，实现对重要原理的深入探索及概念理解的逐级发展。①2017 年法国高等教育与研究部发布一份报告为《科学、技术与产业教育对产业发展的贡献》②，建议加强法国的 STEM 教育。报告指出，法国需要未雨绸缪，根据 OECD 的统计数据，金砖国家的 STEM 毕业生到 2030 年将占到 75%，欧美国家将远远落后。为保障法国产业的活力和创新能力，必须要加强对 STEM 人才的培养。报告提出诸多建议，其中涉及基础教育阶段的内容包括：加强校企合作，大力推广 STEM 教育，培养青年人对科学和技术的兴趣，并鼓励能够长期从事相关研究，在小学就要开设 STEM 教学，在小学高年级开设科学与技术课程，在小学教师招聘时要将科学技术素养纳入其中；建立中学与大学之间的 STEM 教育通道，引导并鼓励有兴趣发展能力的中学生到大学参加 STEM 学习等。

（一）小学

在小学阶段，法国学生接受 STEM 教育主要体现在数学和科学（实验科学和技术科学）两个学科。

1. 数学

在法国小学里，学生每周要上 5 个小时的数学课，即每年 180 小时。③学生在数学课上学习数字、计算，学会解决问题，养成数学学习的习惯。数学课堂上的教育实践培养了学生对研究和推理的兴趣，发展了学生的想象力和抽象思维，对他们学习的严谨性和精确度进行了要求。数学课程围绕着 6 个领域进行组织④：

---

① 李春密、赵芸赫：《STEM 相关学科课程整合模式国际比较研究》，《比较教育研究》2017 年第 5 期。

② MESR：*La contribution des formations scientifiques，techniques et industrielles au développement de l'industrie.* 2017 年 4 月，见 http：//www.enseignementsup-recherche.gouv.fr/cid113019/la-con tribution-des-formations-scientifiques-techniques-et-industrielles-au-developpement-de-l-industrie.html。

③ 法国教育部：*L'enseignement des sciences*，2020 年 10 月，见 https：//www.education.gouv. fr/l-enseignement-des-sciences-7076。

④ E.D.Oliveira，K.Roberts，"Literature Review-STEM Education in France"，*Technical Report*，2013.

（1）利用数字数据：学生应该能够解决涉及四则运算的大多数问题，包括小数之间的运算和小数与整数之间的加减乘除运算。

（2）整数：应培养学生对数字进行排序、比较、分类的能力。

（3）算术：学生掌握心算的能力，学习乘法表以进行简单的乘法和除法运算，鼓励学生使用计算器。

（4）空间和几何：学生通过研究地图和平面图来加深对于空间的理解。学生同样要对几何特性进行学习，包括垂直线、平行线、长度、角度、对称轴。此外，学生要学会使用工具，例如直尺、三角板和指南针。与此同时，学生要增强对基本三维形状（立方体和其他直角平行六面体）以及平面图形（正方形、三角形、矩形、圆形）的描述能力。

（5）量度：学生在前两年学习有关长度、质量和容量的概念。这些概念在之后学习使用标准单位进行比较和测量时将会发挥作用。学生增强了估算和运用标准单位进行测量和计算的能力，能够借此对周长一类的概念进行运算。

（6）分数和十进制数：第六个领域是额外添加的，目的是巩固学生在小学后三年的学习成果。对分数进行一定程度的研究是对十进制数有更深入理解的必然要求，而学习小数的主要目的是让学生掌握使用逗号（法语中小数点用逗号表示）表示数字的原理，以便学生可以根据一个数中数字的位置理解该数的大小。

2. 科学

法国从 19 世纪中叶开始，小学便真正地对科学开放。[1] 法国小学科学教育自从 1887 年出现了"科学课"、1923 年的"物体课"和 1957 年的"观察练习课"以来一直发生着变化。[2] 1994 年，法国著名物理学家、诺贝尔奖获得者乔治·夏尔帕（George Charpak）在访问美国学校时，从美国学校开展的科学教育中得到很大启发。访美归来之后，他便萌发了在法国学校中开

---

① 柳雨苏：《法国小学科学教育稗史》，《世界教育信息》2001 年第 2 期。

② 李有发：《法国小学的科学教育》，《外国中小学教育》1988 年第 5 期。

展"动手做"的设想。"动手做"（La main à la pâte）的法语原意是手在面团上，或用手揉面，意即实际操作。① "动手做"探究式学习是一种继承传统，强调科技实践，结合最新教育科研成果，充分运用近年来发展起来的各种新的教育技术，由科学家和教师联合推动，动员全社会参与的一项科学教育改革，特别适用于对幼儿园和小学阶段孩子进行科学教育。② 法国的科学教育从幼儿园就已经开始了，儿童参与到科学调查活动当中，能够激发其好奇心，培养创造力、批判性思维以及对科技发展的兴趣。科学教育的目的是学会理解和描述大自然和人类创造生活的世界以及理解世界因人类活动而引起的变化。从小学三年级到五年级，学生理论上要进行 78 小时的实验科学和技术科学的学习。③ 学生在三个知识领域展开探索：周围环境中的关键技术、经济和环境问题；使人类满足自身饮食需求的技术路径与实践；与其用途相联系的材料的特性和进化的生物。④

而在小学一二年级，开设了"发现世界"课程（Questionner le monde），每年开展 81 小时的课程。该课程同样涉及了技术教育，其内涵包含探索及能够操作基础的电脑功能，操作基本的模组和简单的电子电路，以进一步了解装置的操作。⑤ "发现世界"课程由提出问题、作出假设、想象探索手段、得出答案四部分组成，课程通过对生物、物质和物体三个方面的现实存在的详细观察，让学生对生物世界的某些特征和自然界的某些现象进行了解和描述。"发现世界"的整体目标是培养学生的推理能力，并促进学生的公民意识的形成。该课程培养的能力及具体要求见表 1-6。

---

① 王晓辉：《"动手做"——法国科学教育的新举措》，《全球教育展望》2003 年第 4 期。
② 韦钰：《"做中学"科学教育改革实验的起步》，《基础教育课程》2019 年第 19 期。
③ Le ministère de l'éducation nationale, de la jeunesse et des sports：*L'enseignement des sciences*，2020 年 10 月，见 https://www.education.gouv.fr/l-enseignement-des-sciences-7076。
④ Le ministère de l'éducation nationale, de la jeunesse et des sports：*Programme d'enseignement du cycle de consolidation* (cycle 3)，2020 年 7 月，见 https://cache.media.education.gouv.fr/file/31/88/7/ensel714_annexe2_1312887.pdf。
⑤ 张芬：《法国中小学技术课程新进展》，《教育研究与评论：技术教育》2010 年第 1 期。

表 1-6　"发现世界"课程培养的能力及具体要求

培养能力	具体要求
科学步骤的实践能力	—在教师的协助下对调查过程进行练习实践：提出问题，进行观察，结合经验，描述现象，展开推理，得出结论
想象力和执行力	—观察日常生活中的简单物体和人类活动的情况 —想象并制造简单的物件和小型电路
选择合适的工具和方法的能力	—选择或使用适当的实验器材进行观察、测量、实验 —轻拿轻放实验器材
语言运用能力	—使用法语进行口头和书面交流，培养学生运用语言的精确度，锻炼学生的词汇量 —阅读和理解插图中的文字 —从文本或文献资源中提取需要的信息 —以口头或各种书面形式（注释、清单、图纸、表格）重现观察结果
使用数字化工具的能力	—探索数字化工具来绘制，沟通，研究和恢复简单的信息
道德行为能力和责任心	—通过基于知识的理性态度来发展对环境和卫生的负责任的行为 —通过简单的个人或集体行为（生态行为）将对环境负责付诸实践：废物和纸张的回收利用，水资源和能源（照明、供暖等）的节约
在时间和空间中的自我定位能力	—建立空间基准 —在地理环境中找到自己、定位自己 —使用并制造空间表征 —建立时间基准 —安排事件 —记住一些时间的参照概念

资料来源：Le ministère de l'éducation nationale, de la jeunesse et des sports：*Programme d'enseignement du cycle des apprentissages fondamentaux（cycle2）*，2020 年 7 月，见 https：//cache.media. education.gouv.fr/file/31/88/5/ensel714_annexe1_1312885.pdf。

　　"发现世界"课程是法国小学科学教育的重要表现，也是"动手做"计划的具体表现，从其预期培养的学生能力来看，表现出了 STEM 教育的多学科交融的特点。其中对语言运用能力的要求体现了科学学科的教育与作为母语的法语教学之间的有机联系：在学习科学知识、进行科学实践的同时，提升母语运用水平；同样，要以法语为基础，才有可能更深入地了解科学知识并发现世界。同理，对道德行为能力和责任心的要求体现了法国公民与道德教育对于学生的要求，进行科学研究的前提是不能违背伦理道德，道德教育与科学发展应当是相辅相成的；进行科学学习和研究的最高目标是为了成为共和国需要的科技人才，公民教育的作用亦是让学生成为共和国的合格公民，科学教育与公民教育也应当起到互相促进的作用。让儿童在学习科学的过程中学会做人，儿童作为未来的公民，应当学会在民主氛围中生活。①"发现世界"课程与公民与道德教育的结合，使学生有机会在集体讨论中表达自己的想法，培养学生思考问题、探索世界的热情。体育教学与"发现世界"课程之间同样存在着学科交叉复合的现象，这有助于推进健康与安全教育。"发现世界"课程强调了肌肉、腱和骨骼在运动中的作用以及锻炼身体的益处。② 与课程最为相关的另一学科便是数学，学科之间的交融帮助学生加深了对于时间和空间的概念的认识，提升了学生在时空中的自我定位能力。利用数学课上学到的理论知识，学生可以自己利用不同的数据表现形式（数字、图表、表格）根据其在课程中取得的绩效生成报告，加深自我认知。

（二）初中

作为小学教育的继续，初中课程倾向于加深科学和技术方面的研究，通过研究和解决问题，鼓励学生批判性地思考自己的世界。初中阶段的STEM 元素体现在数学、物理—化学、生命和地球科学、技术和综合科学技术教育。

1. 数学

在初中，数学的学科教学目标是发展学生的推理能力、想象力和批判性分析的能力，同时为下一阶段的数学学习奠定基础。初中一年级时，学生每周的数学课时长为 4 个小时，在之后的三年，这一时长缩短至 3.5 小时。

---

① 王晓辉：《"动手做"——法国科学教育的新举措》，《全球教育展望》2003 年第 4 期。
② Le ministère de l'éducation nationale, de la jeunesse et des sports: *Programme d'enseignement du cycle des apprentissages fondamentaux (cycle2)*，2020 年 7 月，见 https://cache.media.education.gouv.fr/file/31/88/5/ensel714_annexe1_1312885.pdf。

课程围绕着三个领域开展①：

（1）几何：小学学习的简单几何图形在这一阶段得到了深化，量的研究也加入到几何范畴中来。通过以平行四边形、矩形等几何图形的属性为主题的实验活动，学生可以提高推理和"证明"数学原理的能力。三角形是新的学习领域，关于三角形的学习不断深入，如三角形的角度的和、三角形的构造问题、泰雷兹定理和毕达哥拉斯定理，最后也涉及了向量的内容，但仅限于和的概念。

（2）数字：解决问题是这一部分的主要目标。通过解决问题，学生学习如何：识别和提出问题，提出假设并举例试验，构造论点，控制通过评估其相关性获得的结果，交流研究和制定解决方案。

（3）数据的组织和管理—函数：学生学习比例和统计，对百分比进行探索，进行长度或面积的单位转换的运算，并学习使用图表呈现数据。在初中的最后一年，学生学习比例关系和函数。

重视学生的独立思考、主动参与是重视数学教学的法国数学课堂的传统之一。法国课堂鼓励给学生以更多时间和自主，而数学课堂中的自主问题解决是体现和实现学生自主性的重要方式。学生在课堂之中具有较多的时间进行独立自主的问题解决，所解决的问题具有较强的基于生活情境特征。② 数学课堂中的学生独立解题、亲身实践是培养学生独立自主精神的最基本的重要形式。③ 法国初中数学教育的重点之一就是解决实际问题，这一点在 PISA 评估中也已经展现出来。

2. 物理—化学

从 2016 年开始，物理和化学的教学从初中一年级开始，不再是从前的

---

① E.D.Oliveira，K.Roberts，Literature Review-STEM Education in France，*Technical Report*，2013.

② 于国文、曹一鸣：《从理念到实践："数学取士"法国文化传统与数学教育》，《外国中小学教育》2018 年第 6 期。

③ 曹一鸣、于国文：《法国总统访华为什么带一位数学家——法国数学教育的传统与特点解读》，《湖南教育》（C 版）2018 年第 4 期。

二年级才开始学习。学生通过学习物理和化学学科中的一些领域，获得对科学原理和方法的基本理解，这些领域包括物质、光学、电学和引力。[1] 物理—化学的教学目的是激发学生的好奇心，培养他们的观察能力，并使他们开始对科学发现的过程产生兴趣。

该学科的培训目标围绕四个议题进行组织：物质的构成与转化；运动与相互作用；能量及其转移和转化；观察和交流的信号。[2] 物理—化学学科与生命和地球科学学科共同起到了让学生能够以科学视角认识现实世界的作用，从科学探索的态度和能力两个层面对学生进行教育。态度层面的要求包括好奇心、思想开放、自我质疑、积极试错；能力层面的要求包括观察、实验、测量、推理、建模。

物理—化学学科本就是将两门单一的理科学科组合在一起的学科，在跨学科实践教学（EPI）框架的支撑下，该学科可以对科学教育的更多可能性进行探索。[3] 家庭和公共场所安全和自己与他人的安全这两个安全主题的教学，是物理—化学学科与生命和地球科学以及技术两门学科进行学科融合的体现。与生命和地球科学学科融合出的更多课程主题包括：化学与环境、废物的回收利用、节约自然资源、水与能源；与技术学科的融合体现为建筑与机械运动和通信技术这两个课程主题。

3. 生命和地球科学

生命和地球科学的学科教学目标是让学生了解人体、世界、地球和环境的运作方式。[4] 初中学生对现象或生物组织进行观察，提出问题和假设，

---

[1] Le ministère de l'éducation nationale, de la jeunesse et des sports：*L'enseignement des sciences*，2020 年 10 月，见 https：//www.education.gouv.fr/l-enseignement-des-sciences-7076。

[2] Le ministère de l'éducation nationale, de la jeunesse et des sports：*Programme d'enseignement du cycle des apprentissages fondamentaux*（*cycle 4*），2020 年 7 月，见 https：//cache.media.education.gouv.fr/file/31/89/1/ensel714_annexe3_1312891.pdf。

[3] Le ministère de l'éducation nationale, de la jeunesse et des sports：*Programme d'enseignement du cycle des apprentissages fondamentaux*（*cycle 4*），2020 年 7 月，见 https：//cache.media.education.gouv.fr/file/31/89/1/ensel714_annexe3_1312891.pdf。

[4] Le ministère de l'éducation nationale, de la jeunesse et des sports：*L'enseignement des sciences*，2020 年 10 月，见 https：//www.education.gouv.fr/l-enseignement-des-sciences-7076。

进行实验操作。他们熟悉科学方法，意识到安全规则和尊重他人的重要性以及每个人都应当对环境和公共卫生负责。可持续发展教育、气候变化和生物多样性是该学科教学的重要环节。生命和地球科学的具体教学组织围绕三大议题展开：地球、环境与人类活动；生物及其进化；人体与健康。① 这些议题与该阶段的其他学科教学是相联系的。生命和地球科学的学习也可以与人文和艺术学科相结合，可以帮助学生了解世界其他国家的文化与科技建设情况，在生命和地球科学课上，教师也要求学生查阅文献和资料，锻炼学生的语言和信息检索能力。

生命和地球科学课程教学过程中开设的许多主题离不开物理—化学课程的知识②：气象学和气候学、我身边的环境、地球上的能源、科学理论与世界观的转变。生物科技这一主题则是生命和地球科学与技术学科相结合的体现。

4. 技术

在技术课程中，初中生通过掌握方法和知识，了解和掌握人类为了满足需要而制造的技术元件的功能。③ 技术让人们能够创造出自己需要的东西，义务教育阶段的技术教学的目的是让学生能够了解当代技术环境的关键和具有实践能力。技术课程的教学植根于现实的社会环境和自然环境，从工程、社会文化、科学三个维度展开具体的教学，兼顾了 STEM 教育涉及的其他重点学科。在小学的科学与技术教育的基础之上，这一阶段的技术课程确保所有学生获得一种文化，使得他们在使用技术及相关问题上成为开明的、负责任的行为者。作为一门通识教育学科，技术学科通过调查、设计、建模和制作活动，以及鼓励学生参与个人、集体和合作项目的方法助力学生取得

① Le ministère de l'éducation nationale, de la jeunesse et des sports：*Programme d'enseignement du cycle des apprentissages fondamentaux（cycle 4）*，2020 年 7 月，见 https：//cache.media. education.gouv.fr/file/31/89/1/ensel714_annexe3_1312891.pdf。

② Le ministère de l'éducation nationale, de la jeunesse et des sports：*Programme d'enseignement du cycle des apprentissages fondamentaux（cycle 4）*，2020 年 7 月，见 https：//cache.media. education.gouv.fr/file/31/89/1/ensel714_annexe3_1312891.pdf。

③ Le ministère de l'éducation nationale, de la jeunesse et des sports：*L'enseignement des sciences*，2020 年 10 月，见 https：//www.education.gouv.fr/l-enseignement-des-sciences-7076。

成功。①

技术课程与数学课程、物理—化学课程、生命和地球科学课程隶属在相同的课程领域，课程设计概念朝向整合上述四种课程内涵，朝向一致性目标及共通的六大议题之课程概念。在总课程学习目标方面，定位为初中阶段的文化性和科学性的技术学习。六大议题为：统计方法在科学世界中被认为具有的重要性、可持续发展、能源议题、气象与气候学、健康议题、安全议题。② 法国初中阶段的技术教育在每一个年级都设定有相应的主题方向以适应六大议题的具体要求。

5.综合科学技术教育（EIST）③

综合科学技术教育是在初一和初二年级开设的，由生命和地球科学、物理—化学、技术三个学科共同组成的一门课程，这门课程是法国初中科学教育的特色，这种创新式的教学为学生提供了参与研究性学习的机会。在新的教学框架下，这种教学的开展是可能的，法国有一些初中作为志愿学校开展了该课程。

（三）普通高中

法国普通高中学制3年，实行分科制教学，高一年级的学生学习共同的基础课，高二年级进行分科，包括L类—文学类、ES类—经济与社会类、S类—科学类。从2021年参与"新会考"的考生开始，这三个类别将被在高一结束时学生自己选择的专业取代。

1.高一年级开设的相关课程④

普通高中高一年级开设的相关课程包括数学、物理—化学、生命和地

---

① Le ministère de l'éducation nationale，de la jeunesse et des sports：*Programme d'enseignement du cycle des apprentissages fondamentaux（cycle 4）*，2020 年 7 月，见 https：//cache.media. education.gouv.fr/file/31/89/1/ensel714_annexe3_1312891.pdf。

② 张芬：《法国中小学技术课程新进展》，《教育研究与评论：技术教育》2010 年第 1 期。

③ Le ministère de l'éducation nationale，de la jeunesse et des sports：*L'enseignement des sciences*，2020 年 10 月，见 https：//www.education.gouv.fr/l-enseignement-des-sciences-7076。

④ Le ministère de l'éducation nationale，de la jeunesse et des sports：*L'enseignement des sciences*，2020 年 10 月，见 https：//www.education.gouv.fr/l-enseignement-des-sciences-7076。

球科学。

在数学学科，学生学习函数、几何、统计和概率等领域的相关知识，每周的课程时长为 4 小时。高一年级数学教学的首要任务是巩固学生在初中阶段学到的知识，在教学过程中培养学生对数学的兴趣和对于抽象能力的掌握。课程主要分为数与计算、几何、函数、统计与概率、算法与程序设计五部分。①

在物理—化学学科，学生对健康、体育运动和宇宙展开研究，每周的课程时长为 3 小时。该学科高一年级的教学是对初中教学内容的加深和延展，提出了对现实的探索，从无限小到无限大的探索。课程围绕四个主题展开：物质的构成与转化、运动与相互作用、波与信号、能量的转换和转移。对这些主题进行学习之后，学生可以解决日常生活中的许多问题。物理—化学的教学旨在鼓励学生进行实践实验并参与建模活动，让学生对物理—化学学科形成既有趣又真实的认识。

在生命和地球科学学科，高一年级的教学继承了初中该课程的基础，为学生认识世界提供了坚实的科学文化基础，激发学生对科学的兴趣和好奇心，学生通过课程获得科学知识和技能。课程涉及的三个主题是：人体与健康；当代行星、地球和宇宙的问题，特别是环境保护问题、可持续发展的问题、资源和风险管理的问题；宇宙中的地球，生命与生物进化。

除了上述课程之外，高一学生每周还设有 1.5 小时的数字科学与技术课。通过数字科学与技术教学，学生能够掌握数字科学的主要概念，了解数字科学日益增长的重要性及其未来面对的挑战。学生在课上获得的科学知识和技能将使他们能够在日常生活和专业学习中经过思考后合理使用数字技术。该课程涵盖的主题包括互联网、网站、社交网络、数码摄影。

高一的学生每周有两节时长为 1.5 小时的探索课。② 除了经济的探索课，

① Le ministère de l'éducation nationale, de la jeunesse et des sports: *Les enseignements de la classe de seconde*, 2020 年 12 月，见 https://www.education.gouv.fr/les-enseignements-de-la-classe-de-seconde-41651。

② Le ministère de l'éducation nationale, de la jeunesse et des sports: *Les enseignements de la classe de seconde*, 2020 年 12 月，见 https://www.education.gouv.fr/les-enseignements-de-la-classe-de-seconde-41651。

高中生可以自行选择两门技术课程：生物技术、科学与实验室、健康与社会、技术创新与创造、工程科学。其中生物技术课程的内容包括：发现实验方案和生物工业过程、处理生物的质量和安全问题、思考科学和生物技术在当今社会的地位。科学与实验室课程的内容包括：在实验室中进行科学发现与实践、学会了解并使用不同的科学相关学科特有的方法和工具。健康与社会课程的内容包括：发现健康与社会福利之间的联系，解决维护居民健康和社会保障问题，探索医疗、辅助医疗和社会保障领域的职业。技术创新和创造课程的内容包括：了解利用创新原则设计满足可持续发展要求的技术产品和系统，积极在技术领域中探索创新方法。探索课的目的是在技术路径上拓宽技术教育的路径，进而凸显法国基础教育的 STEM 特色。

2.高二年级与毕业班年级开设的相关课程①

这两个年级的学生由于其选择的教育路径不同，接受的科学教育也是不同的。

数学的教学重视科研活动，注重对学生进行科学方法的训练。数学课程深化了高一年级学习的概念并引入了新的概念，课程分为代数、分析、几何、概率与统计、算法与程序设计五大部分。②

科学的教学通过对社会的探索和实验活动进一步使学生掌握科学的方法、观念和概念。普通高中后两年的科学课程仍然体现在物理—化学、生命和地球科学、数字与计算机科学这几门课程当中。其中物理—化学围绕四个主题展开，与高一年级的课程主题一致，理化学科旨在帮助学生将学科间的联系建立起来。生命和地球科学的三个主题同样与高一年级一致，这些主题有助于培养学生的批判性思维并协助公民教育的进行。数字和计算机科学的教学从科学与技术的层面使学生能够掌握构成计算机科学基础的概念和方

---

① Le ministère de l'éducation nationale，de la jeunesse et des sports：*L'enseignement des sciences*，2020 年 10 月，见 https：//www.education.gouv.fr/l-enseignement-des-sciences-7076。

② Le ministère de l'éducation nationale，de la jeunesse et des sports：*Les programmes du lycée général et technologique*，2020 年 11 月，见 https：//www.education.gouv.fr/les-programmes-du-lycee-general-et-technologique-9812。

法。课程培养了学生的多项技能：从信息流和信息处理的角度分析问题并建立模型、设计算法方案、将算法转化为编程语言。[①] 学生得益于获得科学知识和技能，能够在日常和职业生活中严谨负责地使用计算机科学。

工程教学整合了重大的社会和环境问题，涉及人造的物体或系统，开发分析复杂的多技术系统对学生进行教学，旨在帮助学生获得创新能力、想象力和解决具体问题的能力。项目管理是工程教学的固有活动。因此，在高二年级，学生以团队为单位进行 12 个小时的项目学习。在毕业班，学生为所有学生提供 48 小时的团队项目学习时间。

（四）技术高中

技术高中为学生接受高等技术教育做准备，技术会考分为 8 个系列[②]：实验室科技（STL）、工业和可持续发展科技（STI2D）、设计和应用艺术的科技（STD2A）、管理科技（STMG）、卫生和社会科技（ST2S）、音乐和舞蹈技术（S2TMD）、酒店与餐饮科技（STHR）以及在农业部下属高中开设的农业和生命科技（STAV）。

其中在实验室科技（STL）路径上，生物技术课程以生物和环境为研究的中心环节，并开展实验活动。实验室中的物理和化学科学通过图像探索物理、化学和可持续发展之间的关系，为学生提供了进入工业世界展开研究的新视角。工业和可持续发展科技（STI2D）路径的技术教育考虑到可持续发展的要求，以当代工业技术特有的"材料、能源和信息"为基础，具体的技术课程在开展时包括时长为 1 小时的外语授课。STI2D 和 STL 教学路径中共同的数学和物理—化学课程引导学生学习工业或实验室技术相关领域的科学方法和解决问题的方法，并为学生提供了不可或缺的数学工具以及基本的物理、化学规律和模型。设计和应用艺术科技（STD2A）路径中的数学教

①　Le ministère de l'éducation nationale, de la jeunesse et des sports：*Les programmes du lycée général et technologique*，2020 年 11 月，见 https：//www.education.gouv.fr/les-programmes-du-lycee-general-et-technologique-9812。

②　Le ministère de l'éducation nationale, de la jeunesse et des sports：*Le lycée*，2020 年 8 月，见 https：//www.education.gouv.fr/le-lycee-41642。

学旨在培养学生的批判性思维、书面和口头表达能力、平面和立体中的空间想象能力。科学教育的实践教学则为学生的艺术设计提供了思路。

卫生和社会科技（ST2S）路径开设三门课程①，"卫生和社会科技"可以分析当前的卫生或社会状况，学生研究卫生需求以及公共政策和卫生及社会机构提供的对策。为此，他们调动了社会学、法学和经济学的力量，运用了多学科的知识。"人体生物学与生理病理学"通过对人体主要功能和某些病理的研究，使学生了解人体的一般组织和功能。"物理—化学促进健康"旨在建立一种基于物理学、化学、生物学和人类生理病理学之间关系的文化。

第七节　法国中小学国家安全教育

一、法国中小学国家安全教育政策演变

"国家安全这个概念本身并不意味着它有统一而明确的界定"②。法国的国家安全教育源于战后的国防教育。二战后，法国从反思战争的角度通过一系列立法和政策，从强化"国防"转而强化"国民责任"，将国防教育扩大到国家安全教育。

1972 年法国发布的国防白皮书（Le Livre blanc sur la défense）被认为是一项标志性政策，确立了法国的基本国防政策和核威慑战略基础，白皮书中提到，教育要为共和国培养公民，教育政策与国防政策目标一致，教育应当培养爱国主义精神。③ 1982 年 9 月 23 日，法国时任国防部长夏尔·埃尔尼

---

① Le ministère de l'éducation nationale，de la jeunesse et des sports：*Les programmes du lycée général et technologique*，2020 年 11 月，见 https：//www.education.gouv.fr/les-programmes-du-lycee-general-et-technologique-9812。

② Schultze C L. The economic Content of national Security policy. *Foreign Affairs*，1973（5），P522-540.

③ Livre blanc sur la défense et la sécurité nationale. 2021 年 7 月，*Le Livre blanc sur la défense de 1972*，见 http：//www.livreblancdefenseetsecurite.gouv.fr/pdf/le-livre-blanc-sur-la-defense-1972.pdf。

（Charles HERNU）与国民教育部长阿兰·萨瓦里（Alain SAVARY）在土伦签署了第一份关于国防与国家安全教育的部际议定书，明确了国防部与国民教育部的合作关系，并提出相关教育不能局限在校园里，国防精神是不限于学校范围和军事活动中的一种公民态度，两个部门通力合作培养对共和国负责任的公民。[1]

冷战后，法国进一步强调国家凝聚力，1994 年发布的第二份白皮书指出，国家安全与民族理念、社会组织模式、教育和价值观分不开，因此需要加强部际间合作。[2] 1995 年 4 月，在国民教育部与国防部签署的第三份部际议定书中提出了"教育部—国防部—法国国防高等研究所"（IHEDN）三位一体的架构。[3] 1997 年 10 月国家颁布法律[4] 明确规定中等教育必须开设国防教育必修课，国家和欧洲防务的原则和组织应纳入课程内容，法律旨在加强军民融合，让年轻人意识到他们对于国家安全与国防的义务与责任。

21 世纪初，受到"9·11"恐怖袭击事件的影响，法国政府在"国家安全"框架下提出国防、国内安全、外交、经济、教育及文化等多领域政策协同的概念。2007 年 1 月，国民教育部与国防部签署第四份《教育与国防议定书》，这也是自 1997 年国民兵役改革以来的第一份部际议定书，旨在增进青少年对当今世界冲突的理解，认识法国在当今世界中的地位，捍卫共和国价值观，成为负责任的公民。议定书指出教育部和国防部要为公民提供国防与安全教育相关的知识并培养其应用能力，塑造符合时代要求的公民态度，

① MENESR-DÉFENSE. *Protocole d'accord du 23-9-1982*，2020 年 1 月，见 http：//histoire-geographie.ac-dijon.fr/IMG/pdf/protocole1_1982.pdf。
② Livre blanc sur la défense et la sécurité nationale. 2021 年 7 月，*Le Livre blanc sur la défense de 1994*，见 http：//www.livreblancdefenseetsecurite.gouv.fr/pdf/le-livre-blanc-sur-la-defense-1994.pdf。
③ MENESR-DÉFENSE. *Protocole d'accord du 11-4-1995*，2020 年 1 月，见 https：//web.ac-toulouse.fr/automne_modules_files/standard/public/p7492_99855e1c29e0991866afb2a8e4666f5fprotocole-11041995-1.pdf。
④ Légifrance. *Loi n° 97-1019 du 28 octobre 1997 portant réforme du service national*，2021 年 7 月，见 https：//www.legifrance.gouv.fr/loda/id/JORFTEXT000000368950/。

同时开发更多的资源和媒介渠道。①

2015 年法国国内遭遇恐怖袭击，政府决定在教育系统的各个层面加强国防教育与安全教育。2016 年 5 月 20 日，国防部、国民教育部、农业部签署新的部际议定书。②议定书紧紧围绕"大力调动学校以实现共和国的价值观"，强调"国民教育的任务之一是确保在教师的指导下开展教育，目的是培养出负责任的，准备为国家的发展作出贡献的未来公民。教育是一项全球性的行为，不能只限于学校活动，国防精神是一种公民态度，不仅限于军事活动。"③ 新的议定书还提出四项任务：提升在职教师在国家安全与国防方面的知识和技能；将国家安全与国防的内容纳入义务教育的"共同基础"；在高等教育领域加深相关教育，推进对军队的再教育；鼓励青年、教师和社会各界人员参与相关工作，保障机会平等与职业融合。

二、法国中小学国家安全与国防教育大纲

"共同基础"规定了学生在学习期间必须获得的知识、技能和文化，国家安全与国防教育是"共同基础"的重要组成部分，属于"社会和公民能力"。④ 国家安全与国防教育在不同学段有不同的目标、知识和能力。⑤

法国小学学制为 5 年，小学阶段的国家安全与国防教育与公民教育密切结合，主要是让学生能够更好地认识国家。在小学一年级和二年级，学生需要认识法兰西共和国的基本标志，三至五年级逐步认识法兰西共和国的基本组成，具体内容见表 1-7：

---

① MEN. *Bulletin officiel n.7 du 15 février 2007*，2021 年 7 月，见 https：//www.education.gouv.fr/bo/2007/7/MENE0700289X.htm#top。

② MENESR-DÉFENSE-AGRICULTURE. *Protocole d'accord du 20-5-2016*，2021 年 7 月，见 https：//www.education.gouv.fr/bo/16/Hebdo26/MENE1600477X.htm。

③ MENESR-DÉFENSE. *Protocole d'accord du 23-9-1982*，2021 年 7 月，见 http：//histoire-geographie.ac-dijon.fr/IMG/pdf/protocole1_1982.pdf。

④ MEN. *L'éducation à la défense*，2020 年 11 月 23 日，见 https：//www.education.gouv.fr/l-education-la-defense-8276。

⑤ MEN. *L'éducation à la défense*，2020 年 11 月 23 日，见 https：//www.education.gouv.fr/l-education-la-defense-8276。

表 1-7 法国小学初级课程第二年到中级课程第二年的教学目标

年级	核心目标	必要知识与能力
一年级	认识并尊重共和国的标志	认识法国国旗并了解其颜色的意义
二年级		会唱马赛曲，认识三色旗、玛丽安娜像，理解"自由、平等、博爱"的共和国原则；了解一些关键历史事件发生的日期及其意义，如 1789 年 7 月 14 日，1918 年 11 月 11 日，1945 年 5 月 8 日
三年级	法兰西共和国的基本组成	—知道法兰西共和国的语言是法语 —通过地图、标志和体育运动（法国队，奥运会）了解法国领土的一些特点 —知道法国形成的过程是漫长的而且其领土每世纪都在发展
四年级		—了解法语形成的几个重大阶段（不同的方言，南方和北方的语言） —能理解区域的语言和国家的语言是相近的 —认识世界版图上的法国，了解法国的海外省和海外领土
五年级		—知道法兰西学院建立的日期（1635），了解法兰西学院的学术活动，包括作为赞助者，每年颁发大约 60 个文学奖项包括展示了法语在世界上影响力的法语国家大奖 —关注法语 —结合历史了解法国领土统一的几个重大阶段 —了解获取法国国籍的基本条件

资料来源：CRPE. *Les traits constitutifs de la nation française*，2020 年 11 月 30 日，见 http：//lecahierdesywi.wifeo.com/documents/Fiche-Instruction-civique-et-morale---La-nation-franaise---Les-constitutifs-de-la-nation-franaise.pdf。

法国初中学制为 4 年，从低到高分别称为六年级、五年级、四年级、三年级，对应我国的小学六年级、初一到初三。初中阶段国家安全与国防教育的内容分散在历史、地理等课程中。比如，历史课中引入的第二次世界大战的内容，同时要求学生以斯大林格勒战役和太平洋战争为例，关注地缘政治和战略推演的基础以及国防中的政治、物质和道德问题。地理课程则引入当今世界的法国与欧洲，认识欧盟，理解在欧元的推出在经济上的意义以及在外交和军事上的有限作用。地理课在谈到"全球化"主题的时候，要求学生具备关于海洋战略和国家防御中的经济防御的新视野，能够理解跨国公司也可能给全球防务带来经济防御方面的挑战。三年级的公民与道德教育课程上则要理解"国家安全与国防"的概念和范畴，共同讨论和平、集体安全、国际合作、国防以及法国参与国际事务等主题。

"国家与国防安全"这一部分课程的开课时长由从前的 4—5 小时延长至 8—10 小时，主题也由从前的"国防、集体安全与和平，团结与国际合作"转变为更具逻辑性的"对和平、安全和集体合作的探索，法国的国防和其在国际上的行动"，课程明确指出了三位一体的体系的重要性。

法国普通高中学制三年，名称为二年级、一年级和毕业班，分别对应中国的高一到高三。在历史、地理等学科中都会涉及，但大纲中明确在公民、法律和社会教育（ECJS）课程中要包含国防义务及公民维护国家安全的路径等内容。① 二年级教学围绕对于公民身份的认知，包括理解 7 个核心概念：文明礼仪、融合、国籍、权利、人权与公民权利、公民和政治权利、社会和经济权利。一年级的课程主题是"公民制度与实践"，其教学目的是培养学生的政治意识，7 个核心概念分别是：权力、代表权、合法性、法律规则、共和国、民主、国防。毕业班的课程主题是"当前世界转型考验下的公民身份"，这一部分的教学内容汇集了初中阶段和高中前两年的课程中的知识，是对公民、法律和社会教育的整合与总结，课程围绕 8 个核心概念：自由、平等、主权、正义、一般利益、安全、责任、伦理。

三、中小学国家安全与国防教育的特色活动

除了常规课程之外，法国还通过一系列政府和民间组织的活动促进国家安全与国防教育的开展，比如国防与公民日活动和"公民道路"框架下的一系列军事和民事服务活动。此外，学生有机会成为国防军学员或者参加国防和全球安全班，参与更多与国防教育相关的活动。法国不同学区的中小学也开展了各具特色的国家安全与国防教育活动。

国防和公民日（La journée défense et citoyenneté，JDC）是由法国国防部开展的活动，设立于 1997 年，在 2011 年之前被称为国防准备征召日

---

① Centre national de documentation pédagogique. *Éducation civique*，*juridique et sociale*，2020 年 11 月 30 日，见 https://framablog.org/public/_docs/ecjs_programmme-officiel.pdf。

（JAPD），是时任总统雅克·希拉克在其第一个总统任期内进行的国民兵役改革的一部分，改革标志着义务兵役制的终止。该活动取代了兵役，涉及所有拥有法国国籍的 16 岁青年，公民必须在 18 岁以前参加该活动（某些特殊情况如 18—25 岁之间入籍法国可以延长至 25 岁前参加）。在半天时间（通常为 3.5 小时）中，学生会了解公民预备役、志愿参军、军事和民事服务活动等各类信息以及国防相关的知识。活动结束后，每位参与者都将获得参与证书，公民在参加国家组织的比赛或考核，包括高中毕业会考、驾照考试以及法国政府主持的行政考试前，必须获得该证书。

"为加强民族凝聚力、社会融合以及军民之间的联系"[1]，法国武装部推出国防军学员计划（Cadets de la défense）。[2] 该计划以 2017 年 1 月 27 日颁布的 2017—86 号法律为依据，计划面向 12—18 岁之间的法国青年，经过军事卫生部门认证后可在课余时间参加"国防军学员"中心组织的培训，现役或预备役士兵以及志愿教师负责组织培训，包括对武装部队及其责任的介绍、道德和公民教育、民族教育、各种文化和体育活动实践。活动通常招收中学生，每年开展 15 个半天的活动，并以为期 5 天的夏令营作为结业内容。依据性别平等的原则，不同学校的学生聚集在一起，穿着统一的制服，共同学习，促进了军队与青年以及青年之间的联结。每个"国防军学员"中心都由军事和学校管理部门合作建立，资金来源于军事单位的自有资金或国防经费，同时可以接受外部资金支持，中心多设立在军事单位，面向家庭免费，或收取极少费用。截至 2021 年 5 月，全法共有 31 个学员中心。[3] 各个学员中心具体开设的课程内容有所不同，一般都包括爱国主义仪式、

---

① Légifrance. *Loi n° 2017-86 du 27 janvier 2017*，2021 年 7 月，见 https：//www.legifrance.gouv.fr/codes/id/LEGIARTI000033939419/2017-01-29。

② Éduscol. *Les dispositifs Classes défense et sécurité globales（CDSG）et Cadets de la défense*，2020 年 11 月 27 日，见 https：//eduscol.education.fr/601/les-dispositifs-classes-defense-et-securite-globales-cdsg-et-cadets-de-la-defense。

③ FNAM. *La cartographie des centres cadets et CDSG au niveau national*，2021 年 7 月，见 https：//www.federation-maginot.com/la-cartographie-des-centres-cadets-et-cdsg-au-niveau-national/。

参观公共机构和纪念场所、介绍军队和职业、户外体育活动、介绍急救知识等。

类似项目还有"国防和全球安全班"（CDSG）[1]，这个项目覆盖范围更大，通常由中学发起，学校与军事机构（特别是海陆空三军作战部队）合作共同建立一个跨学科、多年度的教学项目，旨在公民教育的框架内培养学生国防精神和爱国主义精神。国防和全球安全班为学生提供了与军人见面和互动的机会，使学生能够通过利害关系、历史记忆和遗产来了解国防。国防和全球安全班可以根据机构的不同选择多种形式开展，如选修课，跨学科实践教学（EPI），教育支持和国防讲习班等。截至2021年春季学期已经有380个班级的共计约9000名学生参与了这一项目学习。[2]

不同学区的中小学还会利用区位优势组织形式多样的国防教育活动。比如斯特拉斯堡学区在开展国家安全与国防教育充分利用了学区内位于拉旺策诺的MMpark[3]，这是法国保存了最多二战期间军事物品的博物馆，教师在带领学生参观博物馆的同时讲授与二战相关的各种知识，达到国防教育的目的。克莱蒙费朗学区则开展了多样的文化活动，将歌曲的解读、文章的写作、塑料制品的创作与国防教育有机结合起来，还有与国防教育相关的学术竞赛，像是"记忆泡泡"的活动就是中学生以法国近代参与的冲突事件为主题绘制漫画。各类活动极大促进了国防教育水平的提升。

[1] Ministère des armées. *Classes de défense et sécurité globale*，2020年11月27，见 https://www.defense.gouv.fr/content/download/563718/9728202/plaquetteCDSG_web.pdf&ved=2ahUKEwjFoYjx0KbtAhWjGqYKHTZaDVkQFjAAegQIAhAB&usg=AOvVaw3ydwwAjqoSdXgWyKDiUM_d。

[2] FNAM. *La cartographie des centres cadets et CDSG au niveau national*，2021年7月，见 https://www.federation-maginot.com/la-cartographie-des-centres-cadets-et-cdsg-au-niveau-national/。

[3] Académie de Strasbourg. *Éducation à la défense*，2021年1月17日，见 https://www.ac-strasbourg.fr/pedagogie/polecivique/education-a-la-defense/。

第八节 法国中小学艺术与文化教育

一、法国中小学艺术与文化教育概况

早在 20 世纪 80 年代，法国就通过了《艺术教育法》，将艺术教育纳入基础教育。在法国，艺术与文化教育不是稀缺的奢侈品，是教育不可或缺的组成部分，国家保障所有儿童和青少年在基础教育阶段享受到艺术教育，包含各种艺术门类的理论和实践。通过艺术和文化教育，可以传承共和国核心价值观，发展学生在相关领域的知识、技能和态度，学会多元的表达方式，建立独立思辨的能力和创造力。

2015 年 1 月 7 日，极端宗教分子袭击了法国漫画杂志《查理周刊》位于巴黎的总部，随后法国多地遭遇恐怖袭击，百余条无辜的生命消逝，法国经历了长达一年的紧急状态。法国的遭遇似乎印证了上世纪亨廷顿预见的文明冲突——"未来世界冲突的根源将主要是文化的而不是意识形态的和经济的"。2015 年法国教育部出台《艺术与文化教育路线》（*Le Parcoursd' Education et Culturelle*）。2016 年教育部、文化部等四部委联合发布了《艺术与文化教育宪章》（*Charte pour l' Education Artistique et Culturelle*），同时成立了由教育部、文化部部长以及 24 名国家文化机关、地方团体代表、杰出艺术家以及学生家长组成的艺术与文化教育委员会。连续出台的两个文件明确将文化作为法兰西公民性与价值观的核心，将艺术与文化教育提升为面向青年优先发展的领域。文件指出，艺术与文化教育不仅是让学生掌握相关领域的知识、技能和态度，更是促进公平、涵养共和国核心价值认同的重要途径。

《艺术与文化教育宪章》被看作是《艺术与文化路线》的升华版，它对学校艺术与文化教育教学提出了 10 项原则：艺术与文化教育应面向学生全体，特别是青年人，学校艺术、文化教学应贯穿幼儿园至高等教育的各级各类教育；艺术与文化教育内容应涵盖艺术作品观赏、艺术家会面、艺术实践与操作、知识与常识讲解和积累；艺术与文化教育是分享式的、现代的、大众的与智慧的，内容涉及法国本土及海外，是艺术式的教育；艺术与文化教育是对人与公民的启蒙教育，发展个体理性、创造性与思维批判性，是以艺术为媒介的教育；艺术与文化教育触及青年人的生活，帮助其建立友好、和谐的环境；艺术与文化教育帮助青年人更好地领悟当今世界；每位青年人的艺术与文化教育可接受性依赖于多方合作：教育共同体与文化领域、协会与公民社会、国家与地方团体；艺术与文化教育有助于振兴艺术活力与多样性；艺术与文化教育需要多方参与，依靠共同知识与资源；艺术与文化教育也是科研与评估的对象，有助于提升教学质量与创新性。

2018 年 9 月 17 日，法国国民教育部和文化部共同推出一项惠及全法1300 万青少年和儿童的新的艺术文化教育政策，即从幼儿园直至高中阶段（3—18 岁）全面推广和加强艺术和文化教育，教育内容重点涉及以下几方面：音乐、阅读、戏剧 / 演出和演说能力、艺术史 / 遗产 / 电影 / 图像。此项新政为自马克龙总统上台以来，在法国青少年艺术文化教育领域推行的规模最大的改革措施，预期投入初步估计为 2600 万欧元。2019 年新学年开学，将在 10 个城市率先实施该政策。

法国政府推行此项新的艺术文化教育政策，主要目的是确保位于不同地区、出身于不同家庭的每一位青少年和儿童享有公平的接受文化教育的机会，在陶冶和培养学生艺术情操的同时增强学生的学习欲望。在新政策框架下，政府将更多的文化资源引入学校艺术文化教育，鼓励更多艺术家和文化领域专业人士参与学校教学。[①] 根据公布的政策实施规划来看，主要将采取以下举措：改革和创新学生的课内、课后和课外学习和活动内容，加强教师在艺术文化教育领域的培训，调动地方政府和各类文化机构的积极性等，多个学段中的具体改革措施为：

第一，小学（幼儿园）阶段：学生除每周接受 2 小时艺术文化教育课之外，还有机会参加学校合唱团活动，去图书馆借阅一本书等。每年组织

---

① 许浙景、杨进：《法国青少年和儿童享受公平的艺术文化教育新政策》，《法国教育通讯》2018 年第 9 期。

两场重要的文化活动，比如参观博物馆、观看文化表演等。2019年新学年开学时，每所小学设立一个合唱团。到2020年，确保每所小学与一家市政图书馆建立合作关系。2019年起，为每位小学一年级末的学生配备一张图书馆借阅卡。每年为小学毕业班学生每人发放一本《拉封丹寓言》(*Fables choisies mises en vers*)。确保学生每年参观一处遗产，为每位教师配备一本"遗产教学指南"。

第二，初中阶段：初中生除了每周参加2小时音乐和艺术课之外，还将学习艺术史，通过艺术文化教育更加注重培养初中生的批判思维和演讲才能。2018新学年起，在7000所初中开设合唱选修课，学生可根据意愿参加合唱团。2018—2020年期间，由国家电影和动画中心协助在每所初中开设"电影工坊"，学生可参与制作"小影片"。2019新学年起，初中毕业班学生增设半小时法语语言课，主要锻炼学生的口语表达能力，同时也为获得初中毕业文凭的口语考试做准备。初中班级可申请"艺术与文化项目"，每年每个项目可申请800欧元政府资助，主要用于组织学生观看文艺演出等。

第三，高中阶段：高中生在艺术文化教育方面将享有更多自主性，每周可有3小时艺术文化方面的选修课，比如造型艺术、电影—视听、艺术历史、音乐、戏剧、舞蹈、竞技艺术。技术高中毕业会考文凭开设两个相关专业方向：设计与应用艺术科技、音乐与舞蹈技术。2022年，在每所高中开设一个"电影俱乐部"。为使青年平等地参与文化活动，自2018年9月起，文化部试点实施为每位年满18岁的法国青年发放一份"文化消费卡"，价值500欧元，可用于购买书籍、观看电影或戏剧、参加音乐培训课等。①

教师的文化艺术修养与知识储备是保障艺术与文化教育质量的关键角色，为了便利教师自我提升，自2009年起，教育部设立"教育通行证"(Pass Éducation)优惠证件。教育通行证是为法国初中、高中教师所设的特

---

① Lyou Bouzon Simonet：*Le plan de Nyssen et Blanquer pour éduquer les enfants à la culture*，2018年9月18日，见http://www.lefigaro.fr/actualite-france/2018/09/18/01016-20180918ARTFIG00237-le-plan-de-nyssen-et-blanquer-pour-eduquer-les-enfants-a-la-culture.php。

殊待遇，持有教育通行证的教师可以免费进入法国 160 个博物馆或名胜古迹，以便提升基础教育文化与艺术教育教学实践。教育通行证有效期两年，由中学校长统计并上报教育部及领取发放。2016 年秋季入学之前，这一待遇仅惠及中学授课的专职教师。改革后，预计将有 25 万名学校行政管理、社会与卫生及教育相关人员受益。教育通行证优惠群扩大是为了让教学团队中每一个成员都可以全面地参与到学生艺术与文化课程的教育与文化规划工作之中。此外，三所国家博物馆也将为学校教育与外出活动提供便利。瓦洛—贝尔卡塞姆部长与卢浮宫、奥赛博物馆以及凡尔赛宫签订协议，学校可在三所国家博物馆的每周闭关日时间组织学生参观。该决策得到了政府的财政支持，目的是为了通过学生与艺术家、艺术作品的接触提升艺术、文化遗产的认知。

学校教师队伍以外，在文化部与教育部共同努力下，从 2017 年 1 月起，100 名年轻艺术家将会在法国 100 所学校"落户"，与四年级、五年级、初一年级这三个年级中的一个班级的学生和教师一起，共同进行艺术项目创作。"创作进课堂"（Création en cours）项目的目的是支持年轻艺术家，尤其是文化领域高等教育学校的毕业生，走进乡村地区、教育优先区、偏远区以及海外地区，让这些艺术资源匮乏地区的孩子能够尽早接触和体验艺术创作。艺术家的资质审核上，所有毕业不超过 5 年的、从事任何领域的当代艺术创作的艺术家都可以申请。管理上，要求艺术家在学校内居住不少于 20天，致力于与教学团队的共建、在整个创作过程中学生的积极参与等活动，并在此期间提出创作和研究计划。

创作进课堂是政府对年轻人的优先就业计划，更是为促进艺术和文化教育的国家政策。这项公共政策是 2017 年财政法案的优先拨款对象，政府给文化和通讯部的拨款金额与 2016 年相比增加了 12%，金额较 2012 年增加了一倍。这项措施也是国民教育向所有学生提供的艺术与文化教育历程的一部分，艺术与文化教育此外还包括与艺术家的会面、推进学生的艺术实践等。预计 2017 年将会有一半的孩子和青少年得益于该项目，接受艺术和文化教育，而在 2011 年这个数字仅为 22%。

该项目得到了艺术家的极大支持。据教育部统计，第一期已经有 600 多名年轻艺术家候选人登记在内；在 2017 年 1 月至 4 月间，在 100 所学校展开 100 个场所，每个省对应 1 个场所，也包括所有的海外省；其包含的艺术学科范围也很广泛，33 个是视觉和造型艺术、12 个戏剧、9 个影视、8 个舞蹈、7 个建筑、7 个文学、6 个音乐、5 个设计、5 个摄影、3 个数字艺术、2 个马戏团、1 个街头艺术。入选的艺术家中女性比例约为 55%。

二、视觉艺术教育

视觉艺术教育主要指关于图像、电影和视听以及博物馆等教育。法国的视觉艺术课程教学从幼儿园阶段开始一直延续到高中学段，教学活动包括视觉艺术课和课外实践活动。

根据法国国民教育部要求，基础教育阶段每学年要开展 72 学时的艺术教育，每周不低于 2 个学时。自幼儿园起，学校开设造型美术课，教师借助空间、光线、颜色、材料、动作、支撑、工具等艺术元素指导学生欣赏美术作品，发现不同的美术表现形式，并开展素描、绘画、拼贴、雕塑、组装、摄影、视频、数字化创作等艺术活动，缩短学生们与艺术作品的距离，鼓励学生学会表达自我想法和情感、坚定个人选择并理解他人。小学四年级开始增设艺术史课程，教学主张与其他学科的课程建立跨学科的联系，比如与音乐、法语、历史—地理等共同设计教学内容，帮助学生学会有针对性地对作品的材质、内涵、艺术方法等进行分析，培养学生对于艺术的爱好以及自主选择鉴赏的能力。这个阶段除了课堂教学之外，学生还可以选择通过教育部开发的免费艺术学习网站学习艺术史。网站与 400 多家文化组织合作，收纳了 5000 多个教学视频以及 20 多种艺术活动指导文件，旨在实现阅读者能够更为通俗易懂且生动形象地理解艺术作品和历史发展。[①] 从初二开始的媒体信息课要求学生掌握独立获取相关媒体信息和文献知识的检索方

---

① MC. *A propos d' Histoire des arts*. HDA，2022 年 1 月，见 https：//histoiredesarts.culture. gouv.fr/A-propos-d-Histoire-des-arts。

法，合理质疑信息的有效性和可靠性并验证来源，了解出版和言论发表的基本规则，让学生全方面了解媒体、网络和信息现象，为学生们学习掌握图像分析和制作的技术提供了基础，学生们可以了解图像所传达信息的独特视角，学习使用视频和计算机图形制作虚拟图像。高中阶段艺术教育由必修课调整为选修课。学生们可以根据个人兴趣和后续发展需要在造型艺术、电影视听、艺术史、音乐、戏剧、舞蹈和马戏中选修课程，教师也会给出选课建议。艺术课的内容和考核标准对于高中阶段的文科生会比其他方向学生更难一些。①

视觉的艺术需要接触实物，只有见到实物，体验真实的环境，才能更好地发展学生对艺术作品的感知能力，进而发展学生的想象力和创造力，因此学校之外的公共文化机构也是开展视觉艺术教育的重要主体。在法国，美术馆、电影院、博物馆、档案馆等都为视觉艺术教育提供了重要资源。法国政府鼓励学校利用当地公共资源开展艺术教学，学校可以同当地文化机构合作，签署协议，共同开发中小学生的教育计划。比如，小学每学年都会组织至少两次文化实践活动，可以组织参观博物馆、电影院等文化机构，也可以欣赏戏剧、舞蹈、音乐会、歌剧、马戏表演等，可以参观城堡、教堂、文化遗址，也可以是拜访作家、艺术家、翻译家等。初中阶段，学生可以自愿参加多媒体学习工作坊、学校合唱团和协助工作人员每周播放历史主题电影等文化活动。高中生则可以自愿参加由各相关文化机构组织的科研和文学创作工作坊，并协助每周的电影放映活动。②法国教育部为实现艺术与文化教育的数字化普及采取了一系列举措，比如 2017 年推出的"微型乐园"项目。项目旨在将博物馆中的重要作品数字化，凡尔赛宫、蓬皮杜中心、卢浮宫等都是这一项目的主要合作伙伴。2018 年全法共建立了 200 个"微型乐园"，政府从 2020 年起每年投入 300 万欧元，到 2022 年要在全法范围内建

① MEN, *Enseignements artistiques*，2022 年 1 月 2 日，见 .https：//www.education.gouv.fr/bo/2011/07/mene1101397n.htm。
② MEN, *A l'école des arts et de la culture*. 2021 年 12 月 7 日，见 https：//www.education.gouv.fr/l-ecole-des-arts-et-de-la-culture-11723。

立 1000 个"微型乐园"。①

在法国文化部的支持下，2018 年"欧洲遗产日"（9 月 15—16 日）的前一天（9 月 14 日）被确立为"国家儿童遗产日"（Journée Nationale du patrimoine des enfants），旨在延伸欧洲遗产日的活动影响。通过带领学生参加文化遗产机构组织的寓教于乐的活动，让青少年在课堂外发掘和了解国家各类文化遗产，开展文化与艺术教育。

2018 年首届国家儿童遗产日活动在全法 30 多个省举办，青少年儿童在教师的陪同下，由遗产机构的专业人员和公共活动组织者带领，围绕艺术品、建筑、历史与自然遗迹等馆藏，进行与其生活和地方历史相关的学习活动，活动形式包括建筑徜徉、艺术寻宝、手工坊等。此次国家儿童遗产日活动还设有专门的网站，教师可提前按照地区、活动主题、活动形式和时间等为其学生选择和预定活动。

三、音乐教育

音乐不仅是一种文化实践，还是维系人与人之间情感交流的纽带，音乐给予人们美的愉悦与享受。2017 年 6 月，法国国民教育部和文化部决定将艺术音乐实践确定为国民教育优先事项，目的是使所有孩子都能亲身体验艺术实践，能够经常参观文化场所、接触艺术家和欣赏艺术作品，进而掌握更多艺术文化领域的知识。②

学校是音乐教育的重要场所。从幼儿园到初中，所有孩子都要接受音乐教育；而在高中阶段，学校仅为部分愿意继续学习音乐的学生提供相应课程。其中，合唱课在音乐教育中扮演着重要角色。在小学的音乐课上，老师带领学生倾听、理解和记忆歌曲，学习合唱技巧和方法，课下将几个班的学生组织在一起，成立一个合唱团，每周进行 45 分钟的合唱练习，并邀请一

---

① MC，*Budget 2020 du ministère de la Culture*，2019 年 9 月 27 日，见 https：//www.culture. gouv.fr/content/download/252653/pdf_file/DP_PLF_2020_web.pdf？inLanguage=fre-FR。

② MEN，*Le "plan chorale"：une priorité donnée à la musique*，2021 年 7 月 1 日，见 https：// www.education.gouv.fr/le-plan-chorale-une-priorite-donnee-la-musique-11981。

位音乐家进行指导；为鼓励更多学生参与到合唱活动中，法国国民教育部于
2018 年正式将合唱课纳入初中选修课程，规定每周课时为 2 小时，年教学
时长达 72 小时，其中包括每周至少 1 小时的排练。① 自 2018 年 9 月始，全
国将有 7100 个初中开设合唱选修课。作为一门跨年级、跨班级的选修课程，
合唱课吸纳了无数喜爱歌唱的学生。他们将组成合唱团，共同练习歌曲，最
后进行公开演出，尤其是在一些重大的纪念仪式、体育赛事和文化活动期间
进行歌唱，烘托现场的热烈气氛。

在合唱歌曲的选择上，选取曲目可不受年代与国家的限制，任何展现
法国与欧洲价值理念、民族气质、公民精神的作品都可以使用，如《马赛
曲》《欢乐颂》《游击队之歌》等。② 此外，合唱课与其他选修课程一样，在
法国初级中学会考中可以获得额外的加分：如果考核时达到了教学计划中的
学习目标，可加 10 分；若非常优秀，超出教学预期，则加 20 分。③ 在初中
会考的答辩口试中，学生们也可将自己曾参加过的合唱项目作为展示主题，
介绍当时学习的音乐作品、遇到的困难、合唱进程中的重要阶段以及对演出
各方面的筹备和管理等事项。总之，合唱课的实施有助于锻炼学生的记忆
力，同时增强集体凝聚力，并促使学生去探索和发现更多的音乐遗产，感受
音乐的无穷魅力。

为了强化巩固合唱课上的歌唱练习，展示合唱学习成果，合唱团的成
立与发展势不可挡。2017 年 12 月，"合唱计划"（Le plan chorale）正式启动，
极大地促进校园合唱团的创建。在法国国家教育部和文化部的发起下，地方
政府、音乐机构和相关文化组织纷纷联合起来，与当地学校建立合作关系，
在小学、初中和高中大力发展合唱团，帮助学校选择合唱曲目和培训音乐教

---

① EDUSOL. *Vademecum-version actualisée 2020*，*La chorale à l'école*，*au collège et au lycée*，
2020 年 8 月 1 日，见 https：//eduscol.education.fr/document/346/download。
② MEN，*Le "plan chorale"：une priorité donnée à la musique*，2021 年 7 月 1 日，见 https：//
www.education.gouv.fr/le-plan-chorale-une-priorite-donnee-la-musique-11981。
③ EDUSOL. *Vademecum-version actualisée 2020*，*La chorale à l'école*，*au collège et au lycée*，
2020 年 8 月 1 日，见 https：//eduscol.education.fr/document/346/download。

师。合唱计划的目标是使所有小学都能拥有一个合唱团，所有班级每天都能进行歌唱练习；在初中开设推广合唱选修课，组建合唱团，让更多学生参与到合唱活动中；充分利用当地音乐资源，在高中（尤其是缺乏艺术和文化教育的职业高中）发展合唱团[①]；近年来，"合唱计划"得到充分落实——2019年，全法国已有71%的小学和92%的初中在校建立了一个合唱团。[②]

四、阅读计划

法国是个具有广泛阅读传统的国家，不少法国人把阅读作为一种生活方式。这些都与政府对公共文化事业的支持密不可分。同时，阅读是学业成功的重要影响因素。诸多研究表明，在学习早期就出现阅读困难的学生，到后面也很难追得上。[③] 阅读是成功的关键，无论是阅读文学小说、学术文献还是报刊，都对智力和道德培育具有重要作用。朗读比赛、"一刻钟阅读"（quart d'heure lecture）"学校图书馆"（bibliothèque d'école）"假期书"（Un livre pour les vacances）等，都是法国学校中喜闻乐见的阅读活动。

2019年，法国政府面向中学生还发起了"让我们大声朗读"（Si on lisait à voix haute）的活动，全国来自3500多个班级超10万名中学生参与其中。"一刻钟阅读"则是一项鼓励性措施，旨在让学生利用在校零碎的课余时间，实现自由阅读。各校可以根据工作安排每周一次或多次、每次10—15分钟，阅读的内容包含小说、新闻、童话、漫画、诗歌，也可以观看纪录片。[④] "假期书"计划为期4年，投入450万欧元。自启动以来，已有超350万名小学五年级学生带着一本免费的由当代漫画家绘制的《拉封丹寓言》去度假。这

① MEN. *L'éducation artistique et culturelle*，2021年3月，见 https：//www.education.gouv.fr/l-education-artistique-et-culturelle-7496。

② EDUSOL. *Vademecum-version actualisée 2020*，*La chorale à l'école*，*au collège et au lycée*，2020年8月1日，见 https：//eduscol.education.fr/document/346/download。

③ [法] 让－米歇尔·布朗盖：《未来的学校——基础教育革新建议》，刘敏等译，教育科学出版社2018年版。

④ EDUSOL. *Favoriser la lecture à l'école*，2021年8月，见 https：//eduscol.education.fr/578/favoriser-la-lecture-l-ecole。

也是动员孩子和家庭参加每年夏天由国家图书中心组织的"朝着书籍出发"计划的好机会。

为方便学生获取书籍，法国教育部鼓励学校与公共图书馆展开合作，同时投入专项经费用于修缮或翻新学校的阅读场所和图书馆，特别支持那些距离公共图书馆较远的学校建立独立阅读场所。2018—2021 年，政府投入 850 万欧元预算，创建和丰富中小学校藏书，今天，该项计划已提供 90 万本书和设备，惠及 6000 所学校。此外，政府也鼓励，鼓励教师为学生选择读物。

第二章 法国高等教育

第一节 概 况

法国现行高等教育包括大学（Univerisité）、大学校（Grandes Ecoles）、高等专业学校（Ecoles spécialisées）等（详见图 2–1）。根据法国教育部官方数据，2020 年法国各类高等教育机构共 5094 所，包含综合性大学 71 所、工程师学院 279 所、大学技术学院 108 所、师范类学院 30 所、高级技术员班 2489 所等。2020 年，法国高等教育阶段学生总人数为 278.5 万，总体比上一年增长约 2.1%，已连续 12 年保持增长。其中在综合性大学就读的人数约 165 万，占高等教育总人数的 59.2%；在私立高等教育机构就读的人数约为 59 万，占高等教育总人数的 21.3%。[①]

一、大学

大学，即多学科综合性大学，在法国承担着普及高等教育的重要功能。凡是具有高中毕业会考文凭（BAC）或同等学力的学生均可申请进入大学。

法国是中世纪大学的摇篮，13 世纪成立的巴黎大学、图卢兹大学、奥尔良大学等都是最早的欧洲大学。法国大革命爆发后，革命政府取缔了代表

---

① MEN. *Repères et références statistiques sur les enseignements*，*la formation et la recherche-2021*，2021 年 7 月，见 https：//www.education.gouv.fr/reperes-et-references-statistiques-2021-308228。

Bac+12	Bac+11	Bac+10	Bac+9	Bac+8	Bac+7	Bac+6	Bac+5	Bac+4	Bac+3	Bac+2	Bac+1	高中毕业+会考+学习年限

高等专业学校 École Spécialisée + 高中 Lycée

- 校颁文凭 Diplôme d'École
- 艺术与设计职业国家文凭 DN MADE
- 会计与管理文凭 DCG
- 职业文凭 Licence professionnelle
- 高级技师证书 BTS
- 社会与体育类文凭
- 辅助医疗类文凭
- 艺术与设计类文凭 Bac+3-5年
- 音乐类文凭 Bac+1-5年
- 商科类文凭 Bac+3-8年
- 建筑类文凭 Bac+3-8年

大学校 Grande École

- 校颁文凭 Diplôme d'École
- 兽医/国家文凭 Vétérinaire/ Diplôme d'État
- 校颁文凭 Diplôme d'École
- 校颁文凭 Diplôme d'École + 硕士 Master
- 大学校预科班 CPGE

综合性大学 Université

- 专科医生 Médecin spécialiste / 国家文凭 Diplôme d'État Bac+10-12年
- 药剂专科医生 Pharmacien spécialiste
- 全科医生 Médecin généraliste
- 牙科专科医生 Dentiste spécialiste Bac+8-9年
- 牙科医生 Dentiste / 药剂师 Pharmacien
- 助产士 Sage-femme
- 体疗医生 Kinésithérapeute
- 正音科医生 Orthophoniste
- 助听器验配师 Audioprothésiste
- 视轴矫正医生 Orthoptiste
- 职业文凭 Licence professionnelle
- 大学技术文凭 DUT
- 科学与技术学大学文凭 DEUST
- 大二 L2
- 大一 L1

博三 D3	博二 D2	博一 D1	硕二 M2	硕一 M1	大三 L3

博士阶段 博士学位 Doctorat	硕士阶段 硕士学位 Master	本科阶段 学士学位 Licence

Bac+12	Bac+11	Bac+10	Bac+9	Bac+8	Bac+7	Bac+6	Bac+5	Bac+4	Bac+3	Bac+2	Bac+1	高中毕业+会考+学习年限

图 2-1　法国高等教育结构结构示意图

宗教和贵族势力的多所大学。拿破仑掌权后，通过建立"帝国大学"进一步加强了中央集权，并颁发"大学组织令"将大学的办学权牢牢掌握在国家手中。20世纪上半叶两次世界大战给法国带来重创，直到1947—1953年第一个五年计划和1954—1957年第二个五年计划，法国才加大教育投入，促进教育民主化发展。1960—1968年间，法国大学生人数以每年10%—15%的速度激增。规模的扩大与高校僵化的管理格格不入，1968年，法国时任教育部长埃德加·富尔（Edgar Faure）主持高等教育改革通过了《高等教育指导法》（*Loi d'orientation de l'enseignement supérieur*），确立了"自治、参与和多学科性"的改革原则。1984年的《萨瓦里法》（*Loi Savary*）重新确定大学作为"科学、文化和职业发展为特点的公立教育机构"（EPCSCP），并重申了上述原则。根据法令，大学内设行政委员会、学术委员会、学习与大学生活委员会。2007年法国出台《大学责任与自由法》（*Loi Relatif aux Libertés et Responsabilités des Universités*），一方面将政府权力进一步下放到大学，同时也强化了校长和行政委员会的权力，2013年的《高等教育与研究法案》（*Projet de Loi Relatif à l'Enseignement Supérieur et à la Recherche*）则进一步巩固了这样的大学治理结构。

二战后法国学制进行过多次调整，由于历史原因，法国文凭和学位制度一直比较复杂。为了促进高等教育的国际化，特别是推动欧洲高等教育空间建设，1999年，法国作为牵头国家之一签署了博洛尼亚进程，决定采用欧洲学分转换系统（ECTS）建立欧洲高等教育的学历学位互认体系。2006年法国大学基本完成了学制改革，建立了新的LMD（本科—硕士—博士）学制，即第一阶段学士学位学制3年，第二阶段硕士学位学制2年，第三阶段博士学位学制3年，三类学位均为国家学位。

法国大学实行"宽进严出"，淘汰率高。2019—2020年在各类高等教育中注册的一年级学生中有70.8%学业，11.5%转专业，17.7%未注册。2014级学生在2020年仍有39%的学生在继续深造，其中7%的学生在读硕士一年级，13%的学生读硕士二年级，8%的学生转入大学校，6%的学生仍在普高或职高读本科，1% 的学生攻读博士学位。[①] 提高教育质量、改善毕业难就业难的问题成为近些年法国高等教育改革的要点之一。2018 年 3 月，法国出台了提高学生毕业率的法律（Orientation et Réussite des étudiants），并通过加强对本科生的指导改进学生学业表现。

二、大学校

大学校是法国特有的高等教育形式，以培养军事、工程技术、农业、商业、教育等各类高级专门人才为目标。法国在 17—18 世纪建立了一批高等院校，如 1741 年建立的国立高等海事工程学校（现国立高等先进技术学校）、1747 年建立的国立路桥学校、1783 年建立的国立巴黎高等矿业学校、1794 年建立的巴黎高等师范学校等。19 世纪后期到 20 世纪，其他领域也建立大学校，如 1871 年建立的鲁昂商学院、1872 年建立的巴黎政治学院、1878 年建立的法国国立高等电信学院、1909 年建立的国立高等航空航天学院等。19 世纪法国大学校的影响深远，世界不少大学的名称都与法国的大学校有渊源，比如美国的加州理工学院或瑞士的苏黎联邦理工学院。20 世纪后，法国大学校的影响力逐渐被德国及盎格鲁—撒克逊的大学体系所取代。然而在法国，传统的综合性大学与大学校仍是法国高等教育最重要的两轨。

大学校类型繁多，主要包含高等工程师院校、高等政治学院、高等师范院校等。2020 年法国有工程师学院 279 所，高等师范学院 4 所，商业、管理和会计类学院 354 所。大学校属于法国的精英教育，通常入学考试严格，招生人数少，竞争激烈。大学校不直接招收高中毕业生，后者需要先通过选拔进入大学校预备班（Classe Prépa），经历 2—3 年的学习才能参加大学校自行组织的选拔性考试。大学校预备班一般设在高中，这一阶段的学习主要是学科基础，强度大、淘汰率高。

[①] MEN. *Repères et références statistiques sur les enseignements，la formation et la recherche-2021*，2021 年 7 月，见 https：//www.education.gouv.fr/reperes-et-references-statistiques-2021-308228。

大学校学制多为 3 年，少数为 4 年，教学颇具特点。尽管各类大学校种类多，培养目标各不相同，但是在长期的办学过程中，形成了典型的"多科性"或"多面性"教学培养模式。具体而言，大学校教学重视基础理论和应用知识，注重"非技术"培养和实践性教学，与企业长期保持着良好的合作关系。在大学校看来，多科性教学是适应当今科学技术迅速发展和市场经济急剧变化所必需的。管理人员和专业技术人员的培养，单靠知识的积累已经不能适应现代社会和科技发展的快速变化，只有通过多科性综合培养，使未来的科技人员不仅能适应企业技术变化的需要，熟练地解决本专业领域的问题，还要能够解决传统上由社会学家和伦理学家解决的问题，并能够根据市场变化和国家间竞争，毫不困难地从一个技术领域转向另一个技术领域，从事与科技专业知识相关的大量非传统职业。这样培养的人才，能够适应社会的快速变化，并具有探索和创新精神。

三、高等专业学校

高等专业学校以培养不同领域的人才为目标，比如面向交通、运输、艺术、旅游、辅助医疗等行业领域的高级人才培养。在历史上，其最早是作为补充传统而保守的综合性大学而逐步发展起来的，从弗朗索瓦一世建立的法兰西学院到大学企业行政管理学院（IAE），这些机构依托各类综合性大学而发展，是综合性大学为解决国家对应用型专业人才的强烈需求而建设的具有"职业化"使命的高等教育机构。[①] 高等专业学校一般教学质量高，由于课程与业界关系紧密，所以学生往往毕业后有较好的出路，不少学校在全球本行业内享有非常高的声誉，比如法国艺术类院校中除了隶属于高等教育与研究部的国立高等美术学院等之外，也有法国文化部主管的美术学院，后者性质即为高等专业学校。比如国立巴黎高等美术学院（ENSB）、国立高等装饰艺术学院（ENSAD）、国立高等工艺设计学院（ENSCI）等。再如巴

---

① 由于大学校的学费高昂、办学独特和门槛限制等原因，虽然其能为国家提供高素质的应用型人才，但其数量较少，很难支撑国家现实经济发展的人才需要。因此为缓解这一人才供需矛盾，法国政府在大学内部开设了多个以职业为方向的高等教育机构。

黎费朗迪高等厨艺与酒店管理学院（Ferrandi），学校成立于1920年，隶属于巴黎工商协会，拥有多个硕士点和一个管理博士点，是欧洲顶尖的厨师和酒店管理专业学校。学校采用小班制教学，沿用传统学徒制学习方式，突出理论与实践相结合的特点，学生可以习得高水平的专业技能和管理经验，学校可以授予国家文凭及行业协会的职业文凭。此外还有世界上最古老的兽医学院，成立于1761年的里昂兽医学院。学院在校学生仅有630名，其中10%为国际留学生。学校设有宠物临床学、马科动物临床学、动物生产、动物公共健康等专业，突出教学与实践相结合的特点，学生就业率高。

四、高等职业文凭

法国高等职业文凭包括大学技术文凭、科学与技术大学文凭、高级技师文凭（BTS）等。

大学技术文凭由设立在综合大学中的大学技术学院（IUT）颁发。大学技术学院发端于1966年，学制2年，独立管理，单独颁发毕业文凭，持有者以三级技术职业资格就业。大学技术学院不设入学考试，但要审查申请者的高中毕业会考文凭和高中学业成绩，通过面试择优录取。教学方面大学技术学院更接近大学校，实行小班上课，重视实践教学，重视理论教学和职业培训的结合。教学大纲由学院和有关部门（涉及经济、企业）共同制定。基础课占总学时20%，指导课占35%，实践课占45%；第二学年必须到企业实习6—8周。学院不设学年考试和毕业考试，注重平时学习成绩检查和企业实习报告质量。要求学生具有一定的理论基础知识和较强的专业知识及动手能力，受到企业的好评，就业率高于大学。

高级技术员班兴起于20世纪50年代中期，在原有中等职业教育基础上，开办了这种高等职业教育培训机构。它介于技术高中和工程师学校之间，学制两年，开设在1000多所技术高中校内。高级技术员班亦不设入学考试，通过审查高中会考文凭和高中最后两年学习成绩及主课老师的评语选拔新生。学习期间，每年一次期终考试，第二年结业时，参加国家统一的专门考试，合格者颁发高级技术员证书，与大学技术学院文凭等值，可以三级职业资格就业。另外，少数成绩优秀的毕业生，通过专门考试进入大学校相关专业继续学习，进一步获取工程师证书。

与大学技术学院相比，高级技术员班的专业划分更细，应用性和灵活性更强，并根据市场变化作相应调整。教学方面，高级技术员班的教学内容更具体，专业课程比重大，更强调实际应用操作。当初，开办大学技术学院的目的之一，就是想取代高级技术员班。然而，几十年过去了，高级技术员班不仅没有被取代，而且以它自身的办学特点继续发展，和大学技术学院互为补充，共同承担培养高级技术员的任务。

五、师范教育

法国是最早出现具有师范教育意义机构的国家之一。17世纪末，由"基督教学校教士会"开办的教育修道院就是最早的教师培训机构，主要培养小学教师。大革命时期，首次出现"师范"（normal）概念。1794年，国民公会颁布师范教育法令，开办了巴黎师范学校，由此开启了法国师范教育制度化进程。1887年政府法令明确了师范学校的性质、管理、学制和大纲等重要内容，进一步促进和完善了师范教育体系。

20世纪60年代以后，随着经济快速发展，法国加快了师范教育的发展。1969年，师范教育开始招收高中毕业生，进行两年专门教育，使师范教育进入高等教育领域。1986年，师范教育再次提升入学资格，将招生起点提高到已接受完两年高等教育的学生，学制两年。这就意味着教师资格的起点提升为大学本科毕业水平，使得法国整个中等教育的师资水平得到普遍提升。

法国现有中等教育师资包括：会考教师、证书教师（普通类和技术类）、初中普通课教师3类4种。通过"教师会考"取得教师资格是法国中等教育教师来源的主要方式。"会考"是由国家统一举办的教师资格考试，难度较大，名额有限。通过会考取得教学资格的教师称"会考教师"，主要担任高中任课教师，以往还可以受聘为大学低年级学生授课。此外，法国还设立了中等教育教学能力证书竞试。竞试科目包括哲学、古典文学、现代文学、历史—地理、现代外语、数学、物理和自然科学8类专业。考试合格者可取得证书教师资格，主要担任初中相关学科教师。

根据1968年《高等教育指导法》，每个学区建立一所大学师范学院，负责初、中等学校教师的职前培养和在职培训。学制两年，招收读完大学三年级、获得学士学位者。

法国教师考试为统一的国家"竞试"。通过竞试者可获得相应的资格证书，成为正式教师。在法国，尽管教师的工资待遇并不算高，但属于国家公务员系列，工作稳定，享有一定的社会地位，享受带薪休假等待遇，因而吸引许多优秀人才加入。中等教育教师是"大学师范学院"的主要培训对象，培训内容在两年中各有侧重。第一年主要是准备不同的资格考试，由大学的相关教学培训单位针对各种考试安排专业理论课程；涉及职业方面的内容，由大学师范学院负责。第二年教学内容包括：专业教育、普通教育、实习和论文。其中专业教育主要是学科教学法，全面了解教学、教育、教育系统和社会的有关问题。实习是重头戏，采取分散进行的方法，由本院教师或学区专兼职"教育顾问"指导，每周4—6小时，职业技术课教师还要到企业实习。学完一年或两年者，均可参加前面提及的各类教师资格考试。

伴随着马克龙总统的上台，政府加强了对教师教育的重视力度，政府将"高等教育与教师学院"（ESPE）又调整为"国立高等教育与教师学院"（INSPE），并在其培训课程中增加了班级管理与评估以及教学策略等内容的占比，从根本上提高教师教学质量以促进国家教育发展。

第二节　卓越大学计划与高校合并重组

如前文对于法国高等教育图景的解读，法国高等教育机构类型多元，系统复杂：综合性大学承担了普及高等教育的使命，大学校则承担着培养精英的责任，后者虽然教学质量高，却小而散。另外，研究机构与教育机构之间壁垒横亘，科层制度导致管理效率低下，导致了法国高等教育和研究在国际上的能见度相对较低，与盎格鲁—撒克逊体系中的大学相比缺乏吸引力。

为提高法国高等教育机构的国际排行，法国政府开出了"合并""重组"的药方，同时出台多项法律，从政策和预算上支持高校发展。

2006 年法国议会通过的《高等教育与研究规划法》(*Loi de programme*)，2007 年两院通过的《关于大学自由与责任的法律》，鼓励大学在逐步实现自治的前提下，设立"高等教育与研究极"(PRES)，鼓励同一区域内不同类型的高等教育和研究机构建立联系，各成员保持高度自治、互相尊重办学特色，相互之间采取"加强合作"的弹性工作方式。2007—2012 年间，法国共成立了 27 个"高等教育与研究极"，它们具有不同的性质，有的是公共科学合作机构 (EPCS)，有的是科学合作基金 (FCS) 或公共利益集团 (GIP)。2009 年，法国出台"投资未来计划"，计划投入专项经费建设"未来具有核心竞争力"的领域，其中就包含"卓越大学计划"(IDEX)。2010 年，"卓越大学计划"和"科学、创新、区域、经济计划"(I—SITE) 正式启动，卓越大学计划面向高校整体评估，科学、创新、区域、经济计划面向高校的学科和项目开展评估。这是 50 年来法国规模最大、财政投资最多、涉及范围最广的一次高等教育改革。

从 2015 年到 2020 年，有多所法国高校重组合并，2015 年原蒙彼利埃一大、二大、三大合并，组成新的蒙彼利埃大学，但蒙彼利埃第三大学保留了独立行政职能。2016 年，原格勒诺布尔一大、二大、三大合并，组成格勒诺布尔—阿尔卑斯大学。2017 年，原克莱蒙—费朗一大、二大合并为奥维涅克莱蒙大学。2018 年，原里尔一大、二大、三大合并为新的里尔大学，原巴黎四大、巴黎六大合并为索榜大学。2019 年，原巴黎三所高等教育与研究机构合并为巴黎大学。2020 年曾经的巴黎东马恩河谷大学和东巴黎大学合并为巴黎古斯塔夫·埃菲尔大。截至 2020 年，11 所院校中 6 所已获得"卓越大学计划"(IDEX) 永久资格：巴黎文理研究大学、巴黎萨克雷大学、斯特拉斯堡大学、波尔多大学、艾克斯—马赛大学、索邦大学；另有 5 所获得卓越大学试行期资格：巴黎大学、格勒诺布尔大学、蔚蓝海岸大学、里昂大学、图卢兹大学。9 所大学已获得"科学、创新、区域、经济计划"(I—SITE) 资格：巴黎第十二大学、克莱蒙奥弗涅大学、洛林大学、里尔大学、波城大学、蒙彼利埃大学、南特大学、塞吉—蓬图瓦兹大学、勃艮第—弗朗什孔泰大学。

大学合并重组的好处显而易见，资源通过整合，学校具备了一定的规模，拥有更丰富优质的硬件和软件，在多项评估指标上有所提升，可以在世界范围内吸引更多的学生和教师；合并加强了研究员之间的合作以及专业课程之间的联系，有利于学校开展更为宏大的项目；随着当前法国政府财政压力，规模经济带来的效率产出最大化也是高等教育机构合并的动力，同时各校之间仍可以保持各自的传统和优势学科。比如在 2022 年在 QS 排行榜上名列法国大学第一位的巴黎文理大学，就是合并了巴黎九大、巴黎高师、国家矿业大学、国立高等学院化学学院、巴黎天文台、国立高等物理化学学院等 9 家成员以及法兰西公学院、法国远东学院、国际高等音乐舞蹈学院等10 家关联单位共建的高校。合并后，高校共有学生 17000 人，其中 2/3 为研究生，国际学生占 20%，国际学生中有 40% 为博士生，2900 名研究人员，140 个实验室。学校囊括了 33 位诺贝尔奖得主、14 位菲尔茨奖得主、38 名凯撒奖得主、71 位莫里哀奖得主，大学校友中有 3 位法国总统，1 位塞内加尔总统等名人政要。再如入选国家"卓越大学计划"的巴黎大学。这所巴黎大学不是历史上知名的索邦神学院为前身的中世纪的大学，而是 2019 年由巴黎第五大学、巴黎第七大学和巴黎地球物理学院重组之后形成的大学，2022 年改称巴黎西岱大学（Université Sorbonne Paris Cité）。合并后的大学包含 51680 名学生，4500 名教师和研究员，2704 名行政和技术人员，119个教学研究单位。学校是法国顶尖的研究型大学，全法国 10% 的科研论文发表都来自于该校，单篇被引率全法第一。

但合并之路也并非一帆风顺，校区、课程、人力资源、学生的协调整合都需要投入可观的经费，另外各校合并的过程也是充满博弈，路径各有不同。比如斯特拉斯堡大学的合并就属于典型的"水平型"合并，斯特拉斯堡大学一大、二大、三大的学院并未重新整合资源，学术人员职位和薪酬也没有受到影响，合并的过程顺利，却未实现真正的融合。法国洛林大学合并前各校分属于不同的行政区域，合并过程也受到了外部行政力量的干预。洛林大学的合并属于"交叉型",一方面设立学院整合专业课程,同时以研究问题为出发点建立研究中心,分布在不同校区。总之,法国高等教育机构提质增效的道路任重而道远。

第三节 大学招生制度改革

2016—2020 年间的法国大学招生制度改革,以欧洲高教资源共享、高中生升学定向指导、高校招生平台改革和高中毕业会考改革为主要着力点,为实现欧洲教育一体化、学业成功和教育公平而出台一系列政策,虽争议不断,但仍在稳步推进。

一、2016:加深高等教育互认

作为当前合作最为紧密的区域性战略合作组织,欧盟内各个成员国在高等教育、科研技术、培训与终身教育的交流日益密切。2016 年 1 月,法国教育部公布了法国政府与德国联邦政府签订高等教育学历、学位、学时相互认可的双边协定。为加深德、法两国关系,进一步整合欧盟的高等教育资源,提升欧洲内部学生流动性,在欧洲学分互认体系(ETS)、《里斯本条约》和博洛尼亚进程的基础上,德、法两国率先打通高等教育体制,实现高等教育学历、学位、学时全面互认体系。尽管博洛尼亚进程签订已久,但在实际运用中,鉴于各个欧盟成员国教育体系的差异,课程、学分的认证并不如预期顺利。特别是中等教育结业文凭,各个国家的认证不尽相同,为高等教育录取造成了较大障碍。

该高等教育学历、学位、学时相互认证协议简化了学历、学位、学时的认证手续,旨在促进两国高等教育入学、博士研究生入学阶段的相互流通。该框架覆盖的学校包括:在法国,所有具备授予业士(baccalauréat)以上国家文凭的高等教育机构:公立大学、高等专业学院、提供中学毕业考试以上教育的高中(高等专业学院预备班、高等专业技术班);在德国,所有公立高等教育机构及教育部认可的私立教育机构。① 该框架下，法国中学毕业考试证书与德国应用科学大学入学资格证书（Zeugnis der Allgemeinen Hochschulreife）具有同等效力，而德国职业教育机构也将法国职业类中学毕业会考（baccalauréat professionnel）视为德国大学入学资格证书（Zeugnis der Fachhochschulreife）等价的准入资质证明。德、法两国地理位置相邻，基础教育阶段也有不少数量的中学生修习德、法语言，此次政府双边协议大大降低德、法两国高等教育阶段学生个体流动的门槛，为两国高等教育与科研合作、高层次人才的流动提供更多便利条件。

二、2017—2018：高等教育入学改革

2017 年 10 月 19 日，由凡尔赛学区区长丹尼尔·菲拉特（Daniel Filatre）主持的研究小组向法国政府提交了有关新一轮大学本科教育的改革建议报告。10 月 30 日，法国总理爱德华·菲利普（Edouard Philippe）主持了关于法国综合大学改革的新闻发布会，正式宣布通过一项题为"大学生计划"（Plan Étudiants）的高等教育改革政策，自 2018 年秋季学期起正式实施。这一做法引起了法国各界的广泛讨论，可以说这是马克龙总统上任以来在教育领域力度最大的一次改革，甚至被有些法国教育界人士认为具有"文化革命"的意义。

该项政策致力于解决的问题由来已久，长期以来，法国致力于提高高中毕业会考的通过率，并提出将同一代人口中通过高中毕业会考的比例提高至 80%。然而，法国政府在着眼于实现目标的同时，并没有充分预判其可能带来的后果和问题：高中和大学之间缺少必要的沟通和衔接；缺少对人口趋势的预判，导致大学学位紧缺，师资力量不足；对"供不应求"的热门专

---

① Le Gouvernement de la République française：*Décret n° 2016-14 du 13 janvier 2016 portant publication de l'accord entre le Gouvernement de la République française et le Gouvernement de la République fédérale d'Allemagne sur la reconnaissance des diplômes，des grades et des périodes d'études de l'enseignement supérieur*，2016 年 1 月 13 日，见 https://www.legifrance.gouv.fr/affichTexte.do? cidTexte=JORFTEXT000031837088。

业采取抽签录取的高校录取机制引起广泛不满；大学生学业失败问题严重；学生学业情况受家庭社会经济条件影响很大。

根据法律规定，凡获得高中毕业会考文凭或具有同等学力的人都有上大学的权利，法国明令禁止综合性大学在入学程序上筛选学生。近些年，这种原则受到了多方面的挑战。首先，近年来法国大学生的入学人数增长，2011—2016 年法国大学生入学人数从 42 万增长到 48 万人，2017 年高中毕业会考后，有近 9 万法国高中毕业生一度面临无学可上的窘境。2000 年"千禧年婴儿潮"前后出生的孩子也已经到了上大学的年龄，法国大学生入学人数进一步增长的趋势至少将持续到 2022 年。然而，法国政府对于这种状况明显没有做好充分准备。

其次，长期以来，法国综合性大学以学生填报的志愿顺序及住址为标准进行专业录取，对一些"供不应求"的热门专业采取抽签录取的方式，完全不考虑学生的学业背景、动机和天赋。2017 年，169 个综合性大学的本科专业采取了抽签录取的方式。这种盲目的录取方式导致部分专业录取的学生完全没有相关专业的学业背景，进一步加剧了学业失败率。面对彼时不公平、不人性的高校招录系统，法国政府于 2017 年 6 月就表达了想要废除抽签录取的意愿。此后，法国国家信息与自由委员会（CNIL）与法国审计法院先后就彼时的高校在线招录平台（Admission Post—BAC，简称 APB）发表了意见，谴责抽签录取方式，并提出数项建立新高校招录平台的建议。

另一方面，学生自己对于高等教育的选择也常常是盲目的。在获取有关高等教育相关信息和学业、职业规划指导方面，学校和学生个体之间差异大。社会出身、居住地、学校教育、性别、家庭文化资本、学校定位等多种因素在高中生的继续学业选择中发挥着重要的作用。获得更多教育信息和家庭条件较好的学生在"大学校"预科班和医学专业中比例较大，分别占 48.8% 和 38.7%，而家庭条件欠佳的学生，不仅很难在严格选拔的"大学校"预科班中看到他们的身影，其在大学技术学院和高级技师班中的比例也很低。这也预示了未来学生在取得学业成功道路和结果上的差异。

最后，法国综合大学一直以来的高辍学率都是社会各界要求提高本科教育质量的重要原因。据法国高等教育与科研创新部公布的数据，在注册综合大学本科一年级课程的大学生中，通常只有 40.1% 的学生能够顺利升入二年级；只有 27% 的学生能够用 3 年时间获得学士学位，39% 需要花 4 年才能取得学位。此外，61% 的大学生放弃了最初选择的专业（33% 的学生一年后放弃原专业，13% 的学生 2 年后放弃原专业）或转而接受其他形式的高等教育。

基于此，"大学生计划"提出两项针对性改革举措。第一项举措，加强对高中生的升学定向指导。为了帮助高中毕业班学生在现有众多大学专业中更好地了解与选择适合自己的专业，从 2017 年 12 月起，每个毕业班指定 2 名主任教师（professeur principal），负责向学生提供升学定向指导。个性化升学辅导将纳入高中毕业班的课程表中，以帮助学生更好地适应大学的教学方式并辅助学生作出毕业后的方向选择。此外，法国政府还组织 3000 名在校大学生担任升学辅导"大使"，到各地高中为应届高中毕业生介绍大学的学业课程和运作方式。此外，班级理事会也可以对学生的升学志愿发表意见。高中生进入毕业班后，一开学就要表明他在大学里希望攻读的专业，第一学期的班级理事会将针对学生的选择给出初步建议，并帮助学生完善专业选择；第二学期的班级理事会将对每名学生提出的专业选择进行认真研究，并对学生的升学定向选择提出正式意见，这一意见将递交给学生想要报考的高校。每年的 12 月和 2 月，法国高中都会组织面对高中生的升学定向指导活动，12 月的活动旨在帮助高中生明确未来学业方向，通过与教育团队的沟通交流，学生们对未来想学习的专业或想从事的职业都有更多的认识和了解；2 月的升学定向指导活动旨在帮助高中生作出最终的学业方向选择。在此期间，法国高校也会举办"大学开放日"活动，各高校会组织各种创意活动，在校园里接待应届高中毕业生，让学生有机会实地了解大学专业课程和大学生活。

第二项举措，改变高校录取程序，帮助毕业生进入心仪或适合的专业。2018 年 1 月 15 日起，新的高校录取系统（Parcoursup）取代自 2009 年以来实施的"高校在线招生录取系统"，其影响主要在两方面：首先，学生在系统中填报的志愿由过去的 24 个变为 10 个平行志愿，个人同时需要在系统中提交包含简历、动机信、高中最后两年成绩单、班主任评语、学生志愿选择等文件。平台也会提供更为翔实的院校资料，录取流程和专业要求等信息，帮助学生有的放矢地作出选择。其次，所有的志愿都由大学教学团队进行审核，招生平台可通过电子邮件、手机短信或考生的 Parcoursup 账号向考生本人、家长及所在高中发送录取结果，学生可以根据院校回复选择心仪的专业。高校对毕业生的志愿申请会采取"同意"（Oui）"同意但有保留"（Oui si）及"等待"（En attente）三种方式。在第二种情况下，高校根据学生的学科、成绩、动机、学业计划等为其制定个性化方案，学生也可参加一年预科，以更好地满足专业要求。在某些"供不应求"的专业，毕业生将进入"等待"状态，由大学区区长领导、中学和大学教师参加的专门委员会根据学生的高中毕业会考成绩和学业计划，为其推荐一项适合的高等教育课程。

　　具体到实操层面来看，新平台具有录取程序更加简单、透明、公平；跟踪每一步录取程序；明确专业要求、成功率、就业前景等各项信息；志愿不分先后；允许申报多个志愿；根据候选人的个人资料进行科学分析并决定录取；无概率影响等多项优势。① 时任法国高等教育与研究部部长弗德里克·维达尔（Frédérique Vidal）表示，颁布这一改革方案旨在优化大学录取过程。3 月底，志愿填报和文件上传结束后，高中毕业生在准备毕业会考的同时，接受志愿院校对其个人文件的筛选，并等待其所申请大学专业从 5 月 22 日开始发送的录取信，收到录取后于 9 月至院校报到。6 月 26 日至 9 月 21 日是补录阶段。②

　　但长期以来法国高等教育一直是综合大学和大学校双规并行，传统上

① Le ministère de l'éducation nationale，de la jeunesse et des sports：*Je reçois les réponses des formations et je décide*，2018 年 1 月 15 日，https：//www.parcoursup.fr/index.php?desc=quoi。

② 李思宇：《法国高等教育改革遭抵制：摒弃无选拔录取为何伤害了中下层》，2018 年 5 月 24 日，见 http://www.thepaper.cn/baidu.jsp? contid=2145313。

大学入学一直都是申请制。此次改革废止了多年来传统的抽签录取，取而代之由大学从候选人中选择录取，这种做法被视为要建立大学的入学选拔制度，引发了社会多方的质疑。

三、2020：积极应对新冠挑战

2020 年，来势汹汹的新冠肺炎疫情打破了正常的生产生活秩序，成为该届政府有史以来面临的最严峻挑战，也给教育带来了重大影响。法国高教部长维达尔于 2020 年 7 月 23 日宣布，新学期开学，高等教育阶段新增了 2.15 万个入学名额[①]，主要集中在工程师类、医疗、社会公益领域，是高考志愿录取平台中最热门的专业。新增的学习名额中多为短期或职业类学习机会。对于 2020 年高达 95.7% 的毕业率，这些新增名额还是不够的，仅大学就需要额外接受 3.5 万个名额。[②]

此外，高等教育部还坚持有必要"避免迷惘的一代"。作为振兴计划（Plan de relance）的一部分，法国政府计划拨款 1.8 亿欧元，在 2020 学年资助 10000 名学生，在 2021 年资助 20000 个高等教育阶段学生。维达尔部长宣布 10000 个名额中 4000 个应该重返大学，其他 6000 个名额主要分配给各外省地区提供的医学、社会学课程。[③] 维达尔表示："开放多少额外录取名额主要由外省政府和大学来决定。"在那里，人们希望"根据实地考察得到的更精确的需求来设置课程"。至于计划在 2021 年增设的 20000 个学额，分布情况尚未确定。除了这 10000 个高等教育学额外，根据政府的说法，另有 17000 个学额将用于"帮助重修学生和参加职业资格考试的学生走向文凭和

---

① Le ministère de l'éducation nationale，de la jeunesse et des sports：*Plan Jeunes*：*21 500 places supplémentaires à la rentrée 2020 pour répondre aux vœux de poursuite d'études des nouveaux bacheliers*，2020 年 8 月 1 日，见 https://www.education.gouv.fr/plan-jeunes-21-500-places-supplementaires-la-rentree-2020-pour-repondre-aux-voeux-de-poursuite-d-305319。

② 翟雨桐：《高等教育阶段新增 2.15 万个入学名额》，《法国教育通讯》2020 年第 25 期。

③ Marie-Christine Corbier：*Plan de relance*：*4.000 places créées dans les universités en cette rentrée*，2020 年 9 月 7 日，见 https://www.lesechos.fr/politique-societe/societe/plan-de-relance-4000-places-creees-dans-les-universites-en-cette-rentree-1240151。

职业融合"，后者将由国民教育部负责。①

与高等教育入学紧密相关的高中毕业会考，同样受到新冠肺炎疫情的影响而不得不作出调整，法国取消了 2020 年高中毕业会考（BAC），用平时成绩代替传统的高考成绩，与此同时保留了 7 月举行的补考和 9 月的缓考。报考职业学校毕业证书（BEP）、专业技能合格证书（CAP）以及高级技术文凭（BTS）的高中毕业生也将以平时考试层级作为评分标准。② 根据官方公布的数据，2020 年原定参加高中毕业会考的人数是 70.06 万人，其中普通高考类考生占 53.9%。

负责打分的评审官主要根据考生在高三前两个学期的平时考成绩来确定各科成绩，第三学期由于受停课影响没有分数，但主课老师会根据学生远程教学的参与度和认真程度而提供参考意见，评审官可酌情评定，因此第三学期虽然没有具体分数，但也同样重要。对于平时考试成绩不完整的考生，他们可以参加 2020 年 9 月举行的缓考（缓考通常是为因健康和突发事故原因无法参考者设立）。尽管评分规则变了，但考分评级方式不变：满分仍为 20 分。12—14 中；14—16 良；16—18 优；18 以上特优。对于接近及格分数的考生，即得分介于 8 分和 9.9 分之间，评审官定于 6 月 22 日完成评分，高考成绩定于 7 月 7 日发榜。补考定于 7 月 8—10 日举行。③

2020 年高考形式的变化引起了部分名校学生的担忧，因为这类学校通常平时考试打分严格，有的学生觉得吃亏。国民教育部认为不必对此担忧，综合评分委员会参照历年高考数据和校际差距等多种因素尽可能定出合理的分数。④ 国民教育部在公布考试办法的官方文件上表示，高中毕业会考评审

① 张舒裴、王娟：《法国振兴计划：年初大学新增 4,000 个录取名额》，《法国教育通讯》2020 年第 26 期。

② Thibaut Cojean：*Coronavirus：le bac et le brevet 2020 notés en contrôle continu*，2020 年 4 月 3 日，见 https://www.letudiant.fr/bac/coronavirus-le-bac-et-le-brevet-notes-en-controle-continu.html。

③ Hatier enseignants：*Site réforme lycée 2019-nouveau bac*，2020 年 9 月 1 日，见 https://www.editions-hatier.fr/site-reforme-lycee-2019-nouveau-bac。

④ 王娟：《法国 2020 高中毕业会考新规出炉》，《法国教育通讯》2020 年第 25 期。

委员会在对分数进行最后的调整和核查时会遵守"善意"原则（L'esprit de bienveillance）。①

四、2021：实施高中毕业会考变革

2021年，高中毕业会考将按计划迎来巨大变革。2018年2月14日，时任国民教育部长布朗盖对外公布了高中毕业会考改革内容，计划将从2021年起实施。法国"高中毕业会考"被法国社会评价为"国家的标志"，在民众心目中，它是机会均等和学校民主化的标志。会考制度自1808年拿破仑（Napoléon Bonaparte）政府在《大学组织令》（*Décret portant organisation de l'Université*）中首次提出之后，距今已有210年历史，其间为了适应社会发展的需要，也经历了多次改革调整，但没能切实解决学生如何在中学为高等教育阶段的专业学习打下坚实基础的问题。②

根据计划，现行的普通高中毕业会考（BAC GENERAL）的文科、科学科和经济社会科（L、S、ES）的分科将被取消，所有学生都将统一进行共同基础课程的学习，这些课程包括法语、哲学、历史地理、道德和公民教育、两门外语、体育以及科学和数字人文科目。学生们将在进入高二时选择3个自己感兴趣的专业科目进行学习，最后再从这3个科目当中选择两个作为高三阶段主攻的专业科目，可选择的专业科目有数学、物理与化学、生物学与地球科学、生物学与生态学、经济与社会学、人类—文学—哲学、外国语言与文学、艺术、工程学、历史—地理与地缘政治学和数码科技信息科学。新的高中毕业会考最终考试科目将只有4门笔试，包括法语、哲学和两门专业选修课，另外加上1门大型口试（Grand Oral）。最终分数计算方式将改为如下：口试与4门笔试占60%，其他40%由两个部分组成，公共基

---

① Figaro Etudiant：*Bac 2020：un pourcentage de réussite et un taux de mention exceptionnels*，2020年7月13日，见 https://etudiant.lefigaro.fr/article/chiffres-bac-2020-taux-de-reussite-mention_84b29928-c50f-11ea-85e7-1f012c74e565/。

② 吴慧平、陈文毅：《法国毕业会考新制度将在今年秋季高中新生中拉开序幕——法国迎来新一轮高考改革》，《中国教育报》2018年6月15日。

础课平时考试（contrôle continu）① 成绩占30%，高二和高三成绩单（bulletin scolaire）分数占 10%。

2020 年，由国民教育和青年部部长布朗盖推动的高中毕业会考新制已经进入实施阶段。从 2020 年 1 月起，全国高二学生的平时考试成绩开始纳入新的会考成绩计算模式。高二平时考试于 2020 年 1 月和 3 月中旬举行，第一阶段只涉及以下几个科目：历史—地理，第一外语和第二外语，数学（只涉及理科生）。第二阶段考试于 2020 年 4 月和 6 月中旬举行，涉及所有科目和高二学生升高三后不再学的专业科目（高二学生自选 3 门专业，高三可只学习其中的两门）。② 同一所高中所有班级的学生可于同一天同一时刻考试，也可分班级在不同的时段考试，如果可能，尽量要求同一所高中在同一日期对统一科目举行考试。③

2020 年 2 月 13 日，法国国民教育部颁布了《2021 年法国高中毕业会考——大型口试》考试细则。自 2021 年 6 月高中毕业会考起，会考 5 项考试科目将包括大型口试，除此之外还包括法语（笔试和口试）、哲学和两门专业选修课。口试成绩将与笔试成绩一起占高中毕业会考总成绩的 60%。口试成绩满分为 20 分，分值系数和法语考试一样为 10，但对于技术高中毕业生，口试成绩分值系数为 14。

口语考试的题目由考生的专业课教师根据本学年教学情况出题，列出这一年围绕考生的研究项目所提出的两个问题。对于普通高中的学生，口语考试问题将围绕他们所选择的两门专业课，既有可能只涉及其中某一个专

---

① 公共基础课成绩将通过三次模拟会考的形式抽查测验得来，抽查测验的内容包括学生所学的全部科目，三次模拟会考的时间分别在高中第二年的 1 月和 4 月以及高中第三年的 12 月。在这三次模拟会考中试卷将会匿名评卷，评卷教师也不会是本班教师，最大限度地保证评卷的公平和公正。

② AFP agence: *Réforme du bac: le ministère donne plus de détails sur les épreuves de contrôle continu*, 2019 年 10 月 10 日，见 https://etudiant.lefigaro.fr/article/reforme-du-bac-le-ministere-donne-plus-de-details-sur-les-epreuves-de-controle-continu_313ceade-eb5b-11e9-826b-cef58f233b6d/.

③ 王娟、杨进：《法国国民教育部公布高二平时考方式》，《法国教育通讯》2019 年第 18 期。

业，也有可能是跨专业的综合问题。对于技术高中学生来说，口语考试问题将围绕他们选择继续深造的那门专业课。布朗盖部长在采访时举例说明："假如一个学生选择了历史地理和经济两个专业，并且还学习了性别平等等方面课程，那么针对他的考题可能涉及诸如'为了更好地实现男女平等，为什么增加教育的全球支出是重要的'这类问题。"

大型口试具体分为三个步骤，考试时间 20 分钟，准备时间 20 分钟。首先，考生要站在考官面前，不拿任何笔记，用 5 分钟的时间来回答评审团①在两个问题中所选的一个，评审团对考生的论证能力与口语流利度进行评估。之后，考生用 10 分钟的时间跟老师就考题进行深入交流，考生需要向考官解释他所准备的这个考题，如何帮助他更好地进行高等教育阶段的学习以及未来的职业规划。考生陈述完毕后，评审团会对其进行提问，"引导考生明确并深化思想"②。评审团也会就"高三研究项目的任何部分"提出更广泛的问题。最后，评审团与考生有 5 分钟的时间，讨论其项目定位。考官将着重考核学生个人思考能力，以及在表达自身动机时所展现的态度和求知欲。③

根据国民教育部发布的《大型口试考试细则》显示，这项口试将使考生显示出他们在公众面前演讲的口才，同时把他们所学到的专科知识充分发挥出来。④针对这种口试可能会在一定程度上加剧社会不平等现象的指责，时任国民教育部长布朗盖回应说："大型口试不会造成社会分化，相反，它可以反过来在一定程度上促进社会平等。比如，一名来自贫困家庭的学生也

---

① 评审团由考生高中校外的两名教师组成，分别代表两门不同的学科。

② 张舒裴、王娟：《法国高中毕业会考改革》，《法国教育通讯》2020 年第 27 期。

③ Pauline Verge：*Bac 2021：À quoi ressemblera le grand oral?*，2020 年 2 月 11 日，见 https：//etudiant.lefigaro.fr/article/bac-le-deroulement-detaille-du-grand-oral-enfin-devoile_f8a1cac6-4bf1-11ea-8d1f-f6db9695b2f5/。

④ MEN：*Baccalauréat 2021-épreuve du Grand oral：Permettre aux élèves de travailler une compétence indispensable à leur réussite*，2020 年 2 月 1 日，见 https：//www.education.gouv.fr/cid149481/baccalaureat-2021-epreuve-du-grand-oral-permettre-aux-eleves-de-travailler-une-competence-indispensable-a-leur-reussite.html。

可以在众人面前自在地发表自己的见解。这项考试是为了帮助学生培养获得口语表达能力，这种能力将会对他们的学习和职业生涯大有裨益。这个口试也是社交的关键，因为它帮助发展我们辩论、倾听以及接纳不同观点的能力。"①

为与考试改革相匹配，在课程设置方面，从 2020 年 1 月起，全国高二普通班废除文科、经济社会科、科学科，将以专业课程代替分科制，每个学生必须在 12 个名单中选择自己就读的 3 个专业。高二学生的法语和数学课程作出相应的调整和修改，将进一步减少法语课学习的作品与文章数量，报考普通类业士的高二学生学习的法语作品数量将从最初预定的 24 篇调整为 20 篇至 24 篇。报考技术类业士的高二学生学习的法语作品数量从 16 篇调整为 13 篇至 16 篇。数学方面的调整体现在更专业的教材内容，主要是解决学生水平参差不齐的问题，学校将加强师资建设，组成有专业能力的教学班子提高学生水平。②

第四节　欧洲高等教育一体化建设

一、从索邦宣言到欧洲大学

法国是欧洲高等教育一体化建设的重要推动者。1998 年，德、法、英、意四国签订《索邦宣言》，提出要在未来的欧洲高等教育区建立一个共同的参考框架，提高学生的流动性及就业能力，呼吁欧洲内所有大学不断改进教育模式，以此来巩固欧洲在世界的地位；1999 年，博洛尼亚进程的全面启

① Delphine Bancaud：*Grand oral du bac*：*Cette épreuve n'est pas conçue pour faire échouer les élèves*，*insiste Jean-Michel Blanquer*，2020 年 2 月 12 日，见 https：//www.20minutes.fr/societe/2716863-20200212-grand-oral-bac-epreuve-concue-faire-echouer-eleves-insiste-jean-michel-blanquer.

② 王娟、杨进：《为适应 2021 新高考，法国调整高二课程》，《法国教育通讯》2019 年第 20 期。

动，开启了欧洲学历资格互认的新篇章，在欧盟各国中建立了相对统一的学位体系及欧洲学分转移和累积系统，进一步推动了欧洲高等教育学制框架的确立，为建立欧洲高等教育区作出贡献。通过这一系列教育改革计划，欧洲积累了跨国联合培养人才的丰富经验；各国高等教育院校广泛开展合作，增进互利互信，学生、教师、知识的大量流动，为推动更深入的教育合作奠定了坚实而有力的基础。

2010 年，欧洲高等教育区建立标志着博洛尼亚进程开展 10 年以来进入一个新的发展阶段，欧盟委员会牵头签订"里斯本战略"和"欧洲 2020 战略"，进一步推动欧洲教育一体化发展。2014 年，欧盟决定将伊拉斯谟项目升级为伊拉斯谟＋项目，不仅将师生流动范围扩大到全球，以鼓励欧洲高校与非欧盟高等教育和研究机构的合作，同时项目还将能够享受项目的人群扩大到高中生、实习生和接受非正规教育的青年。2017 年，欧洲委员会在哥德堡峰会上将欧盟高等教育区延伸至"欧洲教育区"，旨在建立一个"学习和研究不受边界限制的欧洲"。[1] 在高等教育领域，欧盟拥有 5000 多所高校，1750 万高等教育学生，135 万教学人员和 117 万研究人员。欧盟委员会提出到 2030 年，30—34 岁人群中至少 45% 可以获得高等教育文凭的目标（在 2010 年提出的欧洲 2020 战略中这个比例为 40%，欧盟成员国提前 2 年实现了这一目标）。

2018 年，参与博洛尼亚进程的 48 国教育部长齐聚巴黎，共商欧洲教育未来发展方向。会议重点讨论了三个方面的议题：欧洲高等教育区的基本原则、学术自由和民主建设；数字化转型；博洛尼亚进程的改革。会后发布的《巴黎公报》指出，学术自由和诚信、高等教育机构的自主权、学生和工作人员参与高等教育管理等原则是构成欧洲高等教育区的支柱。虽然各国之间教育发展不平衡，但各国在践行《欧洲高等教育区域质量保障标准和准则》方面都作出了巨大努力。为鼓励发展更多的联合学位和联合项目，将在高等

---

[1] European Commission：*European Education Area*，2020 年 9 月 30 日，见 https：//ec.europa.eu/education/education-in-the-eu/european-education-area_en。

教育体系内推广《欧洲联合项目质量保障办法》，推动外部质量保障结果数据库的建设。此外，公报重申要确保欧洲学分的转换和积累体系（ECTS）[①]的顺利实施。

2017年，法国总统马克龙在索邦大学发表演讲提议，建立"欧洲大学"，建立一个覆盖欧洲数个国家的大学网络，作为教学创新的试点，卓越研究的胜地；在欧洲大学，每个学生都可以出国学习，使用两种以上的语言上课。马克龙还提出到2024年建立20所以上欧洲大学的目标。马克龙的这一倡议得到了欧洲理事会的认可，后者鼓励各成员国形成"自下而上"的欧洲大学网络体系，各国科研人员可以在不同大学的研究平台上流动，共享科研资源。[②] 这些"欧洲大学"将被赋予法律地位，欧盟委员会将审核并确认欧洲联合学位的授予程序和必要的步骤，向入学的学生提供欧洲电子学生卡，学生最终还可以获得多个欧洲高校颁发的毕业文凭。欧盟委员会通过欧洲大学倡议，旨在加强整个欧洲高等教育的卓越性、创新性和包容性，促进高等教育机构的转型，转变为具有结构性、系统性和可持续影响的未来型大学。欧盟委员会通过在Erasmus＋计划下发起提案征集来寻求"欧洲大学"的合作模式。在2018年和2019年，得益于两次伊拉斯谟＋项目的征集，首批41所"欧洲大学"成功创立，包含280多所不同规模和不同类型的高等教育机构。以前面提到的法国卓越大学巴黎萨克雷大学为例，该校与瑞典隆德大学、德国路德维西·马克西米利安慕尼黑大学、波兰波图大学和匈牙利的茨哥德大学共同建立了欧洲健康大学联盟（EUGLOH）。欧盟对欧洲大学倡议，2018年至2023年间，将投资2.87亿欧元，即每所大学700万欧元，其中500万欧元受伊拉斯谟＋计划资助，200万欧元受地平线2020

---

① 欧洲学分转移和积累体系，也是欧洲学分互认体系，是根据博洛尼亚进程，在欧洲各国内促进高等教育衔接的项目。根据这一体系，一个学年相当于60个ETCS学分，本科三个学年共180个ETCS学分，一年制硕士60个ETCS学分，两年制硕士120个ECTS学分，博士是180—240个ECTS学分。

② European Commission：*European Universities Initiatives*，2020年9月30日，见 https：//education.ec.europa.eu/education-levels/higher-education/european-universities-initiative。

项目资助。

二、法国国际学生流动

（一）吸引国际留学生

根据联合国教科文组织的统计数据，学生在全球范围的流动总体呈现上升态势。根据 2020 年统计数据，2019 年法国是全球第 6 大留学生接收国。从整体上看，2016—2020 年法国的国际学生流动情况分为两个阶段，最主要的影响因素就是席卷全球的新冠肺炎疫情。近 10 年来，法国国际学生的人数一直呈上升态势，2010—2020 年整体增长幅度为 28%，其中 2010—2015 年增长幅度为 9%，2015—2019 年增长幅度为 19%。[1] 自 2017 起，法国根据联合国教科文组织的建议，在作为留学目的国时，将国际学生的定义细化为获取文凭的留学生。法国教育部 2021 年年报[2] 显示，在 2017—2018 年，在法国获取文凭的国际留学生数量达到了 229600 人，将近全世界 4% 的留学生。而在 2016—2017 年，258400 名留学生中获取文凭的人数是 218100 人，在新的计算方式下，法国留学生数量增长了 5.3%。法国是全世界第六大留学目的国，仅位于美国、英国、澳大利亚、德国和俄罗斯之后。

2020 年赴法留学生中最多的来自于北非和中东地区，超过了传统上赴法学习较多的撒哈拉以南非洲地区和欧盟国家的学生人数。如果看 2010—2020 年 10 年生源国学生人数，还可以发现这一涨幅比例非常不平衡。来自撒哈拉沙漠以南地区的国家学生增长最多，超过了 54%，而来自亚太地区的学生增长幅度仅为 5% 强。10 年间，赴法留学人数排名前 10 位的国家分别为摩洛哥、阿尔及利亚、中国、意大利、塞内加尔、突尼斯、科特迪瓦、西班牙、喀麦隆、黎巴嫩。但是这些国家在 10 年间输送到法国学习的人数涨幅有较大差异，摩洛哥和阿尔及利亚赴法学习的人数 10 年间增长了 39%，而中国学生的人数则减少了 5%。意大利到法学习的人数增长迅猛，

---

① Beatrice Khaiat：*Campus France*，*10 ans de mobilite en Chiffres*，PP Imprimeur，2021，p.19.

② MEN：*Repères et références statistiques 2021*，2021 年 4 月，见 https：//www.education.gouv.fr/media/98636/download。

10 年间增长率为 121%，从 10 年前第 6 大生源国已经跃升为第 4 大生源国，突尼斯到法学习的人数则在疫情发生之前就有所下降了，10 年间下降 5%，2010—2019 年间下降 4%。

2010—2020 年间，虽然法国各类高等教育机构的国际学生比例都有所上升，但涨幅最为迅猛的还是高等商学院、工程师学院以及国际高中。2020 年，受到全球新冠肺炎疫情的影响，法国国际学生总人数下降了约 1%，特别是综合性大学留学生人数减少明显。但总体上看高等商学院、工程师学院和国际高中几乎没有受到影响，2020 年秋季，在这三类机构注册的留学生人数同比增长了 8%、3% 和 10%。法国通过疫苗和特别签证等策略保持高等教育门户的开放。

在综合性大学注册的国际学生有一半为本科生，硕士研究生和博士研究生则分别占比 41% 和 9%。10 年间，这一比例发生了值得关注的变化，因为本科留学生的比例增长超过 27%，硕士研究生几乎没有变化，仅增长 2% 多一点，而博士阶段学生则出现了 18% 的降幅。

赴法留学人数增长主要得益于法国卓越大学计划的实施，法国高校在中国软科世界大学排行和泰晤士高等教育世界大学排行中排名有大幅提升。一些新组建的高等教育机构如巴黎萨克雷大学、巴黎文理大学、巴黎西岱大学、索邦大学、艾克斯马赛大学等在排行榜上都有亮眼的表现。同时，法国传统优势学科在全球专业排行榜中仍然位列前茅，比如法国的数学专业在全球一直位列前三，生态科学、化学等专业也位居前列。

为了吸引更多的国际学生，法国政府加大力度推广"欢迎来法国"计划。"欢迎来法国"（Bienvenue en France）是在原法国总理菲利普（Eduouard Philippe）在时任高等教育、研究和创新部长维达尔和时任欧洲外长国务秘书让－巴蒂斯特·勒莫内（Jean-Baptiste Lemoyne）的见证下，宣布的一系列旨在吸引更多外国学生来法国的措施。[1] 这一做法的特色是提出了简化的

---

[1]　MESRI：*Bienvenue en France：la stratégie d'attractivité pour les étudiants internationaux*，2019 年 9 月，见 https://www.enseignementsup-recherche.gouv.fr/fr/bienvenue-en-france-la-strategie-d-attractivite-pour-les-etudiants-internationaux-49178。

签证政策和对非欧洲学生实行有区别的学费的规定。同时，法国政府还设定了双重目标：到 2027 年欢迎 50 万名外国学生，并鼓励更多的学生到国外学习。

在具体做法上首先是简化签证政策，计划将联合内政部推出简化签证政策的方案，包括从 2019 学年开始，将与内政部联合推出简化签证政策的战略：国际学生优先签证，采取一站式服务，非实体化的程序，签发返回法国的特定居留许可。其次是加强英语和法语的培训，为不讲法语的外国学生设立"欢迎来法国"种子基金受益，该基金由高等教育、研究和创新部创建，在 2019 年提供了 1000 万欧元的预算。同时，法语作为外语的远程学习课程的范围也得到极大加强和丰富，包括面向难民学生和难民科学家的帮助和支持。"欢迎来法国"还为符合高标准接收留学人员的机构授予"高质量欢迎单位"的认证，2019 年时就有了 70 家机构提名入选。

法国一直以来还是官方发展援助中为发展中国家的外国学生提供奖学金和学费数额最高的国家之一。2018 年，这些金额为 8.995 亿美元（其中学费为 762 美元，奖学金为 137.5 美元）。但非洲教育联席会议指出法国政府实行的"欢迎来法国"战略对非欧洲学生征收 2770 欧元的学士学位学费和 3770 欧元的硕士学位学费可能会使最贫穷国家的学生不愿意来法国。此外，将这些费用纳入官方发展援助并不符合法国官方发展援助的目标，三倍的奖学金和费用豁免的增加可能使更多来自中等收入或新兴国家的学生受益，从而吸引更多来自上述国家的学生，这将加强现有的不平衡。法国教育权组织联盟对将作为法兰西共和国组成部分的瓦利斯和富图纳的教育费用列入官方发展援助提出质疑，这些费用不是发展援助的一部分，而是国家公共教育服务的一部分，是对法国境内所有儿童受教育权利的保障。在对贫困地区的援助上，法国仍然落后于其他国家。于是法国自 2018 年以来做了一系列官方发展援助教育的承诺：在达喀尔举行的全球教育伙伴关系筹资会议（2018 年 2 月）上，法国承诺在 2018—2020 年期间为双边教育援助额外拨款 1 亿欧元；《法国语言计划》（*Le Plan pour la Langue Française*，2018 年 3 月）规定向所有非洲法语国家部署"学"（Apprendre）教师支持计划；外交部长在回答向政府提出的几个书面问题时，于 2019 年 1 月 10 日宣布："2019 年，将在基本社会部门承诺额外的 10 亿欧元赠款，其中约三分之一将用于教育和培训部门。非洲优先国家将是这笔资金的首批受益者。"

（二）法国学生海外学习情况

从法国学生流出的情况来看，法国是第 6 大留学生派出国，2018 年约有 100000 名大学生出国学习，比 10 年前出国留学人数大约翻了一番。法国学生首选的留学目的地国家是加拿大和比利时，主要原因是这两个国家都是法语区国家，同时加拿大的学费要比美国低，比利时是欧盟国家同时也是法国邻国。2018 年，7030 名法国学生赴加拿大学习。到比利时学习的法国学生通常会选择医学、正音学、心理学和艺术专业。① 长期以来英国都是法国学生留学的首选目的地国家，但是随着英国脱欧，选择赴英留学的法国学生人数就出现了下降趋势。2010—2020 年间，赴英留学人数仅增长 1%。另外，得益于欧洲高等教育一体化建设的发展，不少法国学生会选择在欧盟境内流动，比如西班牙、荷兰、葡萄牙都吸引了大量的法国学生。赴美留学的法国学生在 2010—2020 年间则出现大幅下滑，留学生人数下降了 13%，从过去的第 2 大法国学生留学目的地国家下降到第 7 位。

由于法国是欧洲高等教育一体化建设的牵头国之一，所以法国高校多鼓励学生积极参与伊拉斯谟项目。2010—2020 年间法国有 38 万名学生参与了该项目。参加伊拉斯谟项目的法国学生通常会流动到西班牙、英国、德国和意大利，比利时、葡萄牙、马耳他等国家也开始接收法国伊拉斯谟项目生。为了推广"伊拉斯谟 +"计划，法国青年信息和文献中心（CIDJ）还面向学生开展"伊拉斯谟日"（Erasmusdays）等宣传活动。

---

① Lemonde. Les universites belges saturees d'etudiants francais，2019 年 4 月 2 日，见 www.lemonde.fr/campus/article/2019/04/02/les-universitesbelges-saturees-d-etudiants-francais_5444726_4401467.html.

第五节　大学数字化发展

一、法国大学慕课建设

法国慕课发展较盎格鲁–撒克逊国家要稍晚。2013 年，当 80% 的美国大学都有网络课程的时候，法国却只有不到 30% 的大学开设了网络课程。[①]2013 年 10 月，时任法国高等教育与研究部正式提出法国数字大学（France Universite Numerique，FUN）项目。

其实，法国高等教育数字化发展并不算落实。1999 年法国高等教育与研究部推出"教育与研究数字化项目"，2000 年推出"数字校园计划""大学频道项目"等。2009 年法国政府还投入专项用于大学数字化建设，包括在大学安装无线上网设备，购买网络教学设备等。但法国大学的数字化发展相对缓慢。2013 年，法国政府颁布《高等教育与研究法》，强调要用数字化推动大学改革。为了落实数字化发展计划，高等教育与研究部还提出 18 项措施，包括：加强数字设备的使用；借助数字化教学改革促进学生学业成功；创建国家级慕课平台，提供数字化课程和慕课证书；通过数字化促进学生更好地进入职场；提供创新的线上培训课程，满足快速发展的教育需求；鼓励教师和教学团队在教学实践中运用数字化教学；将数字化融入科研人员的教学和职业生涯规划；高等教育与研究部给参与数字化战略的机构增加 1% 的编制；创建"法国数字大学"基金会，将数字化发展指标纳入政府和大学网络建设的协议；大力推动数字化教学方法的研究，特别是网络教育的研究；整合高等教育机构的信息设备，合并保护数据中心的资料；为财务、人力资源和教学管理以及教学平台机构提供云服务；将数字化教学和革新纳入大学硬件设施建设和改造；鼓励高等教育机构和慕课用户提供数字化服务；提升

[①]　MOOCtoChina：法国数字大学项目启动开启国家级在线教育战略，2013 年 12 月，见 http://fr.hujiang.com/new/p552659。

高等教育机构信息系统的竞争力和各机构与高等教育与研究部之间的协作能力；制定法语区国家和数字化专项行动措施；明确法国层面、欧洲层面以及国际层面的数字化措施。[1]

同年，作为国家级的大学慕课平台正式创立，即 FUN 平台。FUN 平台的性质为公共利益机构（GIP），平台的运作主要由法国高等教育与研究部与法国国家信息与自动化研究所（INRIA）、法国国家高等教育计算中心（CINES）、法国国家教育与研究网络（RENATER）共同开发，旨在提供高水平的在线培训，支持所有人参与终身学习；为 FUN 成员机构，特别是高等教育机构提供共享资源和服务；提高法国课程的世界影响力和知名度。FUN 平台的口号是"发现、学习、成功"。

在战略引领下，法国高等教育慕课发展迅速，FUN 平台上可以提供的课程越来越多。截至 2022 年 7 月，FUN 平台已经与世界上 140 个高等教育机构建立了 Mooc 和 SPOC 生产商合作伙伴关系，巴黎西岱大学、巴黎萨克雷大学、巴黎政治大学、巴黎高科等机构都参与进来。平台不收取任何注册费，绝对部分的课程是免费的，只有当学院想要获取证书或换取学分的时候才需要支付认证费用。截至 2021 年 3 月，平台已经上线了 2000 多门课程，吸引了约 1100 万注册用户，大多数用户来自欧洲，其次则是来自非洲和美洲的用户居多。2015 年，FUN 平台与中国清华大学开发的学堂在线签署合作协议，开启与中国高校的线上课程资源交流。FUN 平台上线了环境、科学、法律、信息、国际关系等 18 个主题的课程，以法语授课为主，也有英语、西班牙语语种授课的课程。

2016 年 2 月，法国国家战略和预测总署（CGSP）发布《法国慕课发展报告》，为未来数字大学发展提出四点战略性建议。一是推动数字大学资源的多元化，二是发展在线课程的认证和个性化定制服务；三是通过信息技术进行教学方式的创新；四是加强法国数字大学的国际推广。[2] 2017 年，法国

---

[1]　MESR：*France universite numerique*. Dossier de Presse. 2013 年第 13 期。

[2]　纪俊男：《法国慕课未来发展四大战略建议——来自法国国家战略和预测总署的报告》，《世界教育信息》2016 年第 8 期。

发布《高等教育白皮书》，再次强调推进数字化社会转型，引入开放教育，拓展全球远程教育。

二、国家远程教育中心

法国远程教育起步较早。1939 年成立的法国国家远程教育中心（CNED）是目前欧洲和法语区国家中最大的远程教育机构。20 世纪 80 年代，高校为促进远程教育的发展还成立了大学高等远程教育网络联合会（FIED），旨在"联合各所发展远程教育和在线教育的大学，形成一个整体的远程高等教育网络，推动终身教育的实现，促进各个大学在所有领域、以各种方式开展远程教育和在线教育的合作"①。随着法国新兴慕课平台的建设，国家远程教育中心和大学高等远程教育网络联合会这两大传统远程教育组织也积极应对挑战，开拓新的业务。

国家远程教育中心直接隶属于法国高等教育与研究部，是具有行政属性的国家公立机构，具有独立法人资格，财政独立核算。中心在法国本土有 8 个分院，在法国的海外领地也有代理机构，现有员工 2200 人。中心有行政管理委员会管理、指导委员会协同管理，设主任 1 名，负责中心的整体运行工作。国家远程教育中心开设不同专业的课程，开展多种类型的教育和培训，承担着法国终身教育的使命。

21 世纪以来，国家远程教育中心积极拓展业务，2016 年中心与"学校英语"联合设立了首届英语课堂设计大赛，德语课堂设计大赛。2017 年，中心与蒙特罗—福特—约拿数字学院（Digitale Academie de Montereau-Fault-Yonne）签署合作协议为居住偏远的大学生提供线上课程。同年，中心与"AccessiProf"合作为特殊教育的教师提供免费教育教学资源。2018 年，中心与法国电信商 Orange 合作开拓非洲业务。2019 年 11 月，中心与法国劳动部合作开展提供学位和学历的人力资源培训项目；同月，中心对外发布

---

① 刘敏等：《世界开放大学案例研究丛书——法国国家远程教育中心研究》，国家开放大学出版社 2021 年版。

"开放徽章"，对通过中心完成学习的学员提供认证学历和能力认证。2019年1月，中心配合国民教育部面向初中生开展"在校完成家庭作业"的计划，开发了"儒乐"互动学习软件，为初中学科教学提供了丰富的在线资源，当年就有 1.3 万名中学教师在线注册。2019 年 12 月，中心发起"我的数学专业"免费学习平台，为高中学生提供数学专业学习资源和服务。2020年，在应对全球新冠肺炎疫情中，国家远程教育中心更是发挥了提供教学资源、在线授课、线上会议、线上考试等多重职能，极大地辅助了"停课不停学"举措的实施。根据远程教育中心的年度发展报告，2020 年，中心面向基础教育提供了 272 门课程，面向高等教育和成人开设了 157 门课程，用户中大约有 13% 来自国外。

第六节　青年就业政策改革

一、促进大学生和青年就业

根据法国国家统计与经济研究所（INSEE）的数据，2015—2016 年，14—29 岁的年轻人中有 46% 在校接受各级各类教育。[①] 2016 年，青年失业率达到了 19.8%。文凭带来的差异较为明显，高校毕业生的失业率为 11%，而没有大学文凭的人的失业率达到 52%，这种差异在工作 10 年以上的人群中较不显著。本科学位中，普通高校理工科学生的失业率略低于人文社会学科和商科的学生。为了促进大学生和青年学生就业，2016 年起，法国面向所有的年轻人，包括已经进入劳动力市场的青年、学徒，还有在校的大学生和高中生开展了多项帮扶措施。

措施一：由于经济低迷，市场不稳定，法国企业越来越倾向于签署短期合同，因此，法国政府调整失业保证金，来抵御工作的不稳定性，并鼓励提

---

① INSEE：*Formation et Emploi Edition 2018*，2018 年 4 月 10 日，见 https：//www.insee.fr/fr/statistiques/3526080？sommaire=3526086。

高长期合同的签署率。

措施二：面向年轻人，特别是低学历或无学历人群创建一个"寻找第一份工作的援助金"（Aide à la recherche du premier emploi，ARPE）。自 2016 年秋季学期起，政府每年拿出约 1.3 亿欧元预算分发给家庭处境不利，正在寻找工作的毕业生。此前，法国大学毕业生前往其他学区攻读硕士可以获得异地求学补助。

措施三：加强与社会合作伙伴（企业、社会组织等）和青年组织的商讨，以诊断年轻人实现高质量就业所遇到的问题。同时，社会合作伙伴将就改善青年发展及就业充分发表意见，以促进政府工作改进。

措施四：提高学徒待遇。法国政府决定自 2017 年 1 月 1 日起，政府将会提高 16—20 岁青年的最低合法工资。雇主承担的额外费用将由政府负责，以保障政策顺利实施。2017 年政府此项财政预算约 8000 万欧元。

措施五：提高学徒权利。政府将进一步加强对学徒培训中心的认证，以保障学生实习工作的开展。

措施六：进一步畅通技术高中和职业高中学生继续深造的路径。参加职业高中毕业会考的学生都将有机会继续高等教育的学习，比如进入高级技术员班，因此政府计划扩大高等职业教育的规模。

措施七：增加奖学金和助学金额度。从 2016 年秋季学期起，将高中的奖学金提高 10%，增设 2.5 万个 1000 欧元的助学金名额，同时为 16—18 岁辍学后复学的学生建立 1.25 万个 1000 欧元的助学金名额。法国高中设有常规奖学金助学金，此外学生还可以申请紧急经济援助；在高中毕业会考中获得优秀评语的学生也可以获得奖学金。

措施八：促进房屋医疗保障。保障年轻人租赁住房的权利，减少因房东提出收入证明、工作稳定性、担保金等要求而致使年轻人不能租到性价比高的房子。建立补充性全民医疗保险（CMU-C），面向不满 25 岁、收入微薄、不与父母同住的年轻人，提供补充性全民医疗保险。

2018 年法国就业率达到 10 年来新高，62% 的学生在毕业前就找到了工作，91% 的学徒在 6 个月内找到工作，80% 的迎接毕业生签订了无固定期间工作合同。

二、缓解疫情给大学生就业带来的冲击

2020 年席卷全球的新冠肺炎疫情给法国经济带来重大冲击，根据法国统计局数据，2020 年法国 GDP 同比缩减 8.3%，是 1946 年以来最大衰退幅度，远高于 2008 年金融危机给法国带来的影响。

每年法国约有 70 万大学生进入就业市场，经济下滑让部分学生不得不降低岗位预期以求尽快找到工作。学徒制也受到疫情的影响，通常学徒制学生是以半工半读的形式完成学业，学生在毕业后有很大机会直接进入实习单位转正。根据法国《费加罗报》的报道，学徒制已经成为法国高校毕业的重要途径之一，工程师、商科类大学校约有 15% 的毕业生通过新学徒制步入工作岗位。然而由于企业受到防疫措施的限制，对未来无法作出预期，从而导致学徒制合同签约率下降，特别是餐饮酒店、旅游、交通等行业更是受到严重的影响。法国前总统奥朗德曾在自述中描述法国青年一代的景象：失业危机如影随形，五分之一的青年人生活在贫困线以下，一半的青年雇员只能签订短期工作合同，半数法国贫困人口不足 35 岁，一些地区 25 岁以下青年人失业率达到 40%。他们接受了比任何一代都久的教育，他们沦为时代的牺牲品。此次席卷全球的疫情更是凸显了部分青年人的生存危机，使之成为考验政府治理能力的一道难题。

2020 年 9 月，法国推出"经济复苏"计划，投入专项经费发展生产、刺激消费，保障就业，加速推动绿色和数字化转型。就业保障部分，主要包括青年就业援助和"部分事业"计划。青年就业援助是指对雇佣 26 岁以下青年的企业根据员工年龄，按照人次发放补助，并且为 20 万年轻人提供医疗卫生、数字化、生态转型等新兴行业领域的技能培训，同时新增 30 万个面向年轻人的就业岗位；"部分失业"计划则是允许企业向政府申请减少员工工作时长，批准后，政府将负担员工个人因此而造成的收入损失。

这些举措取得了较为积极的效果，2020 年 8 月，法国大学毕业生的签约率基本与 2019 年数据持平。同时为了缓解新入职学生可能面临的经济压

力，2020 年 7 月，法国政府宣布"一个青年一个就业方案"计划。11 月，政府表示在这一计划基础上面向待业青年增加发放经济补助，法国大学事务管理中心（CROUS）为学生增设 2 万个就业岗位，但主要面向经济困难可能面临辍学的学生。

第三章　法国教育政策文献节选

第一节　艺术与文化教育宪章（2016）

在艺术与文化教育高级理事会的倡议下：

1. 从幼儿园到大学，所有人，尤其是教育机构中的年轻人，都必须接受艺术与文化教育。

2. 艺术与文化教育应与频繁接触作品、与艺术家会面、艺术实践和知识获取相结合。

3. 艺术与文化教育旨在获取一种丰富且多样的形式中兼顾传统与当代、流行与学术，兼顾国家和国际层面的共享型文化。这是一门艺术的教育。

4. 艺术与文化教育通过提高人的敏感性、创造力和批判性思维，促进个人与公民的形成和解放。这也是通过艺术进行的教育。

5. 艺术与文化教育考虑到了年轻人的所有生活场景，是涉及他们家庭和社交环境的连贯课程的一部分。

6. 艺术与文化教育使年轻人能够赋予自己的经历以意义并更好地体会当代世界。

7. 所有年轻人平等获得艺术与文化教育的基础是不同合作者（教育团体和文化界、相关部门和民间社会、国家和地方当局）之间的共同承诺。

8. 艺术与文化教育是联系起这些合作者（设计、评估、实施）的源动力。

9. 艺术与文化教育要求对各种参与者进行培训，以增进他们的相互了解，获取并分享共同的参考资料。

10. 艺术与文化教育的发展应成为研究和评估工作的主题，以了解教育活动的成效，提高其质量并鼓励采用创新型方法。

第二节　创新的数字学校和农村计划（2017）

"创新的数字学校和农村"计划的倡议作为"未来投资"计划一部分进行的项目的倡议

一、动机和目标

作为数字化教育计划和部际农村战略的一部分，有关地方当局将能够与各学区紧密合作，对国家提出的项目征集作出回应，作为"未来投资"的一部分，旨在支持农村市镇学校教育中的数字创新发展。

通过特别支持农村地区，该项目呼吁确保服务于数字用途开发的教学创新涉及所有地区，同时要考虑到其多样性和独特性。它必须特别支持学校内外的教学和教育团队的创新举措，通过在农村地区发展真正的教学创新为学业成功作出贡献。它还促进了小学与初中之间的连续性，并在适当情况下，促进了小学与初中之间的项目共享。针对这些项目的结果进行评估，将有可能确定在农村地区部署数字教育所必需的战略和工具。

为此，作为"未来投资"计划的一部分，法国政府将投资 5000 万欧元，以支持在农村地区的小学中使用数字技术开展创新的教学项目。

这些教学项目作为对"创新的数字学校和农村"计划的回应的一部分，必须以相关教学团队的自愿工作为基础，这些教学团队将在各学区的支持（协助、培训、资源等）下，承诺实施教学创新。因此，对"创新的数字学校和农村"计划的回应，将代表着每个参与者、团体、教学团队和学区表达其为了该项目而共同努力的意愿，并寻求"未来投资"计划的支持。

提供的支持将为项目的总体资助作出贡献，该项目将根据"未来投资"计划提供的资助规则，整合实施和实现项目所需的手段（学校 wifi 网络、基础设施、学校联网、协作平台等）。项目可以补充数字教育计划的资金。

考虑到小学在这些地区中所处的位置，以及小学可以在社会生活和公民生活中发挥的生力作用，如果它们希望并尊重每个人的技能，且具有更广阔的视野，以支持与合作伙伴一起制定当地的治理和发展政策，那么便可以对市镇提交的项目进行注册。

项目的征集活动分为几个阶段：第一阶段预计在 2017 年春季启动，选拔创新的教学项目，这些项目由小学和市政当局联合开展，以服务于学生的成功。

作为初期阶段的一部分，如果必要，应选择涉及多个社区的一百个项目。

有关小学将受益于对项目的支持和监督，以利用第一阶段的经验教训；其他阶段将在以后组织。

二、指导和支持

学校数字技术的发展是国家数字化发展的重要组成部分，这也必然是国家与地方当局的共同目标。因此，对这一项目倡议的回应有助于团结和共识的达成，有助于这些地区中不同参与者之间的目标和设想保持一致，有助于共同治理的建立。

为此：

1. 在每个省级国民教育服务局中，都成立了由学区督察—国民教育局（Inspecteur d'Académie-Directeur Académique des Services de l'Education Nationale，简称 IA-DASEN）和学区数字代表（Délégué académique au numérique，简称 DAN）负责的咨询、监督和支持机构，该机构成员由多个市长协会（法国市长协会（Association des maires de France，简称 AMF）、乡镇长协会（Association des Maires Ruraux de France，简称 AMRF）、全国山区民意代表协会（Association Nationale des Élus de la Montagne，简称

ANEM）等）的民选代表、省政府代表和省议会代表组成。地区监督机构的成员、负责教师培训的人员以及其专业知识对项目负责人（例如，协会或专家网络等）有用的所有其他人员都可以与这一咨询机构的工作联系在一起，在设计和 / 或部署阶段主动提出建议。必要的话，如果项目已经建立并投入运行，省级教育管理机构或数字化教育指导机构将负责通过确保民选官员的代表性，来保障这一协商机制及对项目倡议的监督。国民教育局（Directeur Académique des Services de l'Éducation Nationale，简称 DASEN）确保在由市政当局或有资格的市政团体组成的每个地区中，国民教育督察（inspecteur de l'Éducation nationale，简称 IEN）负责通知、组织反思并支持与省级机构相关的项目负责人。为此，学区督察—国民教育局指派国民教育督察负责教育信息通信技术（Les technologies de l'information et de la communication pour l'enseignement，简称 TICE）的数字化和省级网络。

2. 在国家一级，成立了一个支持和监督小组，由总投资委员会（Commissariat Général à l'Investissement），法国国民教育、高等教育和科研部（Ministère de l'éducation nationale, de l'enseignement supérieur et de la recherche，简称 MENESR），多个市长协会（法国市长协会、乡镇长协会，法国小型市镇组织（Association des Petites Villes de France，简称 APVF），全国山区民意代表协会等）的代表组成，其任务是确保良好的沟通、传播和促进本项目倡议的目标，听取地区参与者的意见，从而可以更好地向本土符合条件的市政当局提供用于学校数字化发展的支持。

该支持和监督小组将特别支持在项目征集第一阶段注册的学校，以便为后续阶段吸取有益的经验。

三、项目的性质和目标

根据第 1 部分所述的动机，由相关地方当局和教育团队在共同评估的基础上，一同创建创新的教学和教育项目，其目标应得到所有人的认可（设备水平，这是实施教学项目所必需的手段）。他们可以根据社区的建议整合当地教育政策的要素，尤其是在课外和数字领域，必要时还需听取与教育行动有关的检查机构和地方参与者的建议。

这些回应有助于促进学校的教学创新和教学实践的转变，以确保所有学生的教育成功。

它们还全部或部分有助于实现以下目标：

1. 促进基础知识的获得和教学的个性化；

2. 促进学生掌握数字技能；

3. 在学校期间以及课后时间，特别是在课外活动期间，开发数字用途；

4. 在课余时间为学生提供陪伴和支持；

5. 促进与数字文化的联系和获取；

6. 促进家庭与学校之间的关系；

7. 促进学校学习与教育活动和 / 或课外活动之间的联系（例如，有助于丰富本地教育项目（Le projet éducatif territorial，简称 PEDT））；

8. 支持重新定义该地区的学校和教育资源；

9. 建立小学之间以及与当地初中之间的网络联系；

10. 开发一个数字工作空间（Espace Numérique de Travail，简称 ENT）或协作平台（可能与初中等相关联），等等。

除了教学和教育项目之外，对项目倡议的回应还可以通过增强学校的吸引力及其对当地活力的贡献，使其成为本地资源。

特别是通过授权与其他受众分享资料，这些回应可能会受到以下途径的启发：

1. 向所有人开放的媒体教育行动；

2. 在学生、家庭、民选官员之间进行在线公共服务、数字调解甚至联合生产的实验（例如市政站点、在线传播的本地历史或地理资源的制作，地方的推广等）；

3. 根据教学小组的建议，尝试与家长，特别是在社区间教育小组中与家长进行在线交流，以巩固所有参与市镇的学校与家庭之间的联系；

4. 支持公民教育政策，等等。

最后，项目必须考虑到每个地方的具体情况，以便允许例如：

1. 现有项目可以继续进行并扩大；

2. 最偏远的地区可以启动有利于数字技术创新用途发展的进程；

3. 通过该项目的目标来促进国家和地方在区域层面共同执行的政策方针；

4. 加强领土平等；

5. 弥合数字用途的鸿沟；

6. 与该地区初中开发的项目保持一致。

四、资格条件

符合条件的市镇是适用于地方当局通用法规第 D3334-8-1 条（与省的总体设备分配有关）且由所在省省长实际确定的农村市镇名单。

以下市镇被认为是农村市镇：

1. 在法国本土，人口不超过 2000 的市镇；人口超过 2000 且不超过 5000 的人口的市镇，如果它们不属于城市单位，或者属于人口不超过 5000 的城市单位。参考城市单位是由国家统计和经济研究所所定义的单位。参考的人口是人口普查结束时认证的总人口。

2. 在海外省中，所有不在地方政府通用法规附录八所定义清单中的城市。

市际教育团体（regroupements pédagogiques intercommunaux，简称 RPI）同样具有入选资格，其中各市政府需分别满足上述资格要求，具有或不具有自身税收的市际合作公立学校（établissements publics de coopération intercommunale，简称 EPCI，例如市际教育联盟（Syndicat intercommunal à vocation scolaire，简称 SIVOS）等，由市际合作公立学校支持的市际教育集团（regroupement pédagogique intercommunal，简称 RPI））也具有入选资格，同时需具有学业能力，包括小学的管理，其中人口最多的市镇不超过 5000 名居民，而超过一半的市镇居民少于 2000 名。

学校必须具有互联网访问权限并可以最低速度运行，以实现数字用途的预期发展以及教室中设备的安装（尤其是电器设备），进而在良好的条件下使用设备。受益于"数字创新带来卓越教育"（Innovation numérique pour l'excellence éducative，简称 INEE）计划倡议和"数字初中与教学创新"（Collèges numériques et innovation pédagogiques）计划所带来的援助的学校，不可参与该项目倡议题名。

五、财政支持

国家补贴覆盖整个项目成本的 50%，每所学校的最高资助上限为 7000 欧元。提交的项目的总投资额必须至少为 4000 欧元。

在整个项目的实施和完成所需的费用清单中，可能会要求全部或部分资金获得国家补贴：

1. 教室中的数字设备（例如集体显示设备）；

2. 具备移动教室类解决方案的学生设备；

3. 数字学校设备（例如，声音和图像记录设备、图像处理、机器人代码学习材料）；

4. 允许教师、学生和家长之间进行交流的数字服务（数字工作空间，协作平台等）；

5. 在教室中部署数字用途所需的服务（学校 wifi 网络）。

如此配备的学校将能够从国民教育部提供的数字教育资源中免费受益，该数字教育资源是数字计划的一部分（学校的数字资源库，Eduthèque）。

2017 年，根据这项倡议，为项目支付的赠款不得超过 500 万欧元。

六、文件的构成

包含：

1. 由教学团队进行的创新性教学或教育项目。

2. 地区参与者（民选官员、教师、国民教育督察）对实施过程中必要举措的共同判断。

3. 如有必要，说明该项目所属的地区项目的目标。

4. 学校类型（参与第一个"农村学校数字设备"（Le plan École numérique

rurale，简称 ENR）计划，参与了"数字初中与教学创新"（collèges numériques et innovation pédagogique）/"数字初中与乡村"（collèges numériques et ruralité）项目倡议，已经配备了移动设备的学校，没有任何设备的学校）。

5. 如有需要，与该省初中的关系以及该地区小学之间的关系。

6. 所需求的资助额度。

申请文件将提供给项目负责人。

七、项目选择方法

在每个省中，由地方提议的创新教学项目清单都将在学区检察机关一级正式确立。

在这些清单的基础上，由国家选拔委员会（la commission de sélection nationale）进行选拔，这些选拔工作受益于"创新的数字学校和农村"项目倡议提供的帮助，选拔委员会的组成将由总投资委员会（Le Commissariat général à l'investissement，简称 CGI）决定。

如有必要，委员会可要求项目负责人提供详细信息或增加内容。

国家选拔委员会将确保分配给每个省的总初始补助金所占份额与其少于 2000 名居民的城市的学校开设的班级总数相称。

八、补贴的支付方式

作为该计划的一部分，由学区提供的设备赠款将帮助资助为教室和学生购买数字设备，以及为教育界成员之间的交流提供支持的数字服务。

九、文件和日程

第一阶段申请计划于 2017 年 9 月 30 日进行，随后的申请提交阶段在 2018 年组织。

第三节　创新的数字学校和农村计划（2018）

创新的数字学校与农村计划第二阶段（2018 年）
——以响应国家"未来投资计划"

一、目标和动机

"创新的数字学校与农村计划"（Ecoles numériques innovantes et ruralité）是国家教育部教育数字化发展政策以及农村地区发展战略的重要组成部分，地方政府将会与各学区密切合作，以响应国家在"未来投资计划"（Programme d'investissements d'avenir，简称为 PIA）中出台的创新的数字学校与农村计划第二阶段内容。这一计划旨在支持农村地区小学（一至六年级）的数字化创新发展。

项目开展的核心内涵是基于农村地区情况的多样性和独特性，发展用于教育创新的数字化工具以助力农村专业化发展。特别是在借助各类教育教学团队的创新举措下，创新教育领域发展，进而为推进学业成功做贡献。这一举措还有利于提高初高中教育之间，甚至是其中部分教育计划的延续性。而项目的评估结果将有利于农村数字化教育部署所必需的决策的制定和方法的选择。

为此，法国政府将从 2018 年起，向"创新的数字学校与农村计划"投资 2000 万欧元用来支持农村学校推行数字化创新教育方案发展。

本计划中包含的这些教育计划的实施将会基于相关团队的自愿工作，各团队将在各学区的支持下（参与陪同、培训教育和资源支持等）实施拟议的相关教育创新计划。因此，本方案的具体实施结果将是每个参与者（地方政府、教学团队和学区）表达其为服务该计划而努力寻求"未来投资计划"支持的实际意愿。

该计划所获得的相关支持将有助于项目的整体融资情况。政府将根据

"未来投资计划"的补贴规则来整合并使用所需的工具设备（如学校的 wifi 网络、基础设施、校园网和协作平台等）。

考虑到学校在这些农村地区所发挥的对于社会和公民生活的教育作用，地方政府如果能够让所有人各司其职且发挥其个人能力的最大效能，他们推行的这些项目有机会成为更具有发展意义的行动，进而可以同合作伙伴制定地方的可持续发展规划和政治决策。

"创新的数字学校与农村计划"的活动实施被分为多个阶段：第一阶段于 2017 年春季正式启动，为更好地保障学生成绩提高，政府筛选出多个由学校和地方当局联合开展的创新教育项目以适时开展。

在预实施阶段，这数百个涉及多个地区的项目筛选标准的制定对于政府而言是一个难题。而在随后的正式实施过程中，政府筛选出近 150 个可获得政府资助的代表性项目，其中涉及 801 所学校和 751 个市镇。

二、指导和支持

学校的数字化发展是区域数字化发展的重要组成部分。因此，这也是国家与地方政府致力于奋斗的共同目标。因此，为确保这一方案可以顺利推行，需要各地区的不同参与者之间建立统一合作战线，大家共同思考并确立统一行动目标，并建立共同的治理策略。

由此，国民教育部的各个教育服务中心已经成立了一个由学区督学—国民教育服务处学区主任（Inspecteur d'Académie-Directeur Académique des Services de l'Education Nationale，简称为 IA-DASEN）和学区数字化技术代表（Délégué Académique au Numérique，简称为 DAN）负责的咨询、监督和管理的相关组织，这一组织的成员是由市长协会的民选代表（法国市长协会（Association des maires de France，简称为 AMF）、法国农村地区市长协会（Association des Maires Ruraux de France，简称为 AMRF）和法国山区民选官员协会（Association nationale des élus de la montagne，简称为 ANEM）等）、省政府代表和议会代表组成。地方督查机构的成员、负责教师培训的负责人以及任何具备相关专业知识的其他人士（例如相关协会或各类专家等）都可以在方案设计和部署阶段发挥其自身的有效作用。若省级教育管理机构或数字化信息指导中心已建立并投入使用，它们将通过保障民选官员的民意代表性来确保后续行动的决策科学性和合法性。学区督学—国民教育服务处学区主任将会确保在具有以上资格的市镇中，国民教育督学（Inspecteurs de l'Education Nationale，简称为 IEN）会通知、领导并与相关部门机构一起参与项目开展工作，支持相关负责人计划的实行。为此，学区督学—国民教育服务处学区主任正在动员负责数字化工作的国民教育督学和省级数字化技术专业教师（enseignants Référents pour les Usages du Numérique，简称为 eRUN）。

在国家层面上，政府建立了一个由投资总秘书处（Secrétariat général pour l'investissement，简称为 SGPI）、国民教育部和市长协会（法国市长协会、法国农村地区市长协会和法国山区民选官员协会等）的民选代表组成的指导和监督小组。这一组织的行动目标旨在保障任务实施过程中的良好沟通、良性传播和行动目标的高效推进，同时积极听取地区参与者的意见，进而可以更好地为相关农村地区支持地方学校数字化技术发展。

三、方案性质和目标

本方案的目标与第一章中基于教育教学创新项目的目标阐述一致。它们的确立是建立在当地政府和教育团队的共同判断和目标确认（包括设备配备水平、教育项目实施所需的必备手段和培训）的基础上。行动参与者们可以根据地方政府给予的建议整合地方教育政策，特别是在课外和数字化发展领域的内容。同时，还需召集与该教育行动有关的监察机构和地方参与者以促进学校的教育创新和教育实践改革，进而为推进学生的学业成功做贡献。

它们还将有助于实现（部分）以下目标：

1. 促进基础知识的学习（阅读、写作、算数和尊重他人）和教学法的个性化；

2. 提高学生学习数字化技术基本技能；

3. 在校园内以及学校的相关区域，特别是在课外活动区域，推进数字化校园发展；

4. 在课余时间为学生提供一定的陪伴和支持；

5. 促进与数字化文化的接触和交流；

6. 促进家庭与学校之间的关系增进；

7. 促进学校学习与课内外活动之间的联系增进（例如，有助于丰富地方教育项目（Projets Educatifs de Territoire，简称为 PEDT）的内容；

8. 推动该地区的学校和教育资源的重新分配；

9. 促进初中与当地高中之间的关系增进；

10. 开发一个数字化工作平台（Espace Numérique de Travail，简称为 ENT）或协作平台（初高中协作等），等等

除教育教学项目外，该实施方案还可以通过将学校转化地方政府的资源来增强学校的吸引力及其对当地发展的贡献，特别是通过与其他受众共享信息资源。资源共享活动类型如下：

1. 向社会公众公开多媒体教育行动；

2. 开展在线公共服务访问，数字化媒介甚至学生、家庭和民选官员之间联合创作的实验活动（例如市政当局的网站、当地历史或地理信息的影片和地区广告等）；

3. 根据教学团体的建议，尝试与父母，特别是在跨市镇教育团队（Regroupements Pédagogiques Intercommunaux，简称为 RPI）中的父母进行在线交流，以巩固学校和所有学生家庭之间的联系；

4. 支持公民教育政策，等等。

最后，项目必须考虑到每个地区的实际情况，以便允许例如以下事件的发生：

1. 根据资格条件，现有方案可以继续实施并扩大发展规模；

2. 法国最偏远的地区可以启动数字化发展进程；

3. 通过该方案目标来促进中央与地方在市镇层面共同执行的相应政策，其核心内容为：

（1）加强区域间的平等；

（2）弥合数字化发展程度差异的鸿沟；

（3）与该地区初中学校制定的规划保持一致。

四、资格条件

参与本方案的法国各市镇是地方政府根据地方法规第 D3334-8-1 条（与地方的资源分配实际情况有关）而在确定的具体农村市镇名单。

参与此计划的农村市镇需满足以下条件：

1. 位于法国大城市地区，市镇人口不超过 2000 人。

2. 位于法国海外省地区的城市，则是所有未出现在地方当局通用法规附录八（l'Annexe VIII du code général des collectivités territoriales）所定义的清单中的市镇地区。

同样具有参与资格的是跨市镇教育团队，而其涉及的市镇政府均需满足上述所有资格条件；具有初等教育管理等综合能力的市镇公共合作组织（les établissements publics de coopération intercommunale，简称为 EPCI）有无财政管辖权（跨市镇教育工会（Syndicat intercommunal à vocation scolaire，简称为 SIVOS），由市镇公共合作组织支持的跨市镇教育团队等），人口最多的市镇不超过 3500 名居民，三分之二以上的市镇地区居民少于 2000 名。

各学校都必须具备互联网访问权限并以实现数字化进程的预期发展为最低限制网速运行互联网，并完善教室的基础设施（尤其是电气设备）的安装。

"数字化初中和教育创新计划"（Collèges numériques et innovation pédagogiques，简称为 INEE）和"创新的数字学校和农村计划"第一阶段中所涉及的学校不可再次申请。

五、资金支持

作为整个方案的组成部分，国家资金资助占每所学校支出的 50%，且每所学校的最高资助额为 7000 欧元。为了获取参与资格，每所学校的支出必须至少达到 4000 欧元（国家补贴的受益额至少为 2000 欧元）。

在整个方案的实施过程中所需的费用清单中，国家补贴资金的使用将会涉及以下全部或部分设备的购买：

1. 教室配置的数字化设备（例如用于集体观看的投影仪）；

2. 学生配置的具有移动教室式解决方案的数字化设备；

3. 学校配置的数字化设备（例如，声音和图像记录设备、图像处理设备和支持机器人代码学习的设备）；

4. 允许教师、学生和家长之间进行交流的数字化服务（数字化工作平台、协作平台等）；

5. 在教室配置用于数字化学习所需的相关服务（学校 wifi 网络）；

6. 方案推进过程中工程建设和指导费用，最高不得超过总费用的 20%。

学校的高配备水平受益于国民教育部提供的免费数字教育资源（学校数字化信息资源库，教师专用的教育、文化和科学资源（Eduthèque））等。

自 2018 年起，国家对于这一方案的支出总款项不得超过 2000 万欧元。

作为圭亚那紧急计划的一部分，部长理事会（Conseil des ministres）于 2017 年 4 月 5 日批准了该计划，作为部长理事会于 2017 年 4 月 5 日制定的圭亚那紧急计划的一部分，国家对名单中学校的数字化设备发展的资助金支持占比为 100%（每所学校的最高限额为 14000 欧元）。在第二阶段中，这一资金支持的总金额上限为 65 万欧元。

六、相关文件要求

方案参与者所需上交的文件如下：

1. 教学团队开展的创新性教学或教育项目表；

2. 地方参与人员（民选官员、教师和国民教育督学）共同判断的基础上实施起草的必要方案；

3. 必要时说明该方案适合的地区发展目标；

4. 学校概况（参与第一阶段农村数字化学校计划（École numérique rurale，简称为 ENR）、"数字化初中和教育创新计划"和"数字化中学与乡村计划"的过程中，学校是否配备移动设备，是否受设备配备情况的影响；

5.必要时说明与该地区各小学以及中学之间的关系；

6.说明所需的资金投资对象。

所有这些内容都将包含在提供给方案负责人的参选者资格文件中。

七、方案筛选办法

各省级国家教育服务中心将会根据地方上申请的创新教育项目进行名单的制订。

在这些清单的基础上，国家评选委员会根据"创新的数字学校与农村计划"的实际目标来选择中标方案，该委员会将由投资总秘书处来确定人员变动。

必要时，委员会可要求相关负责人提供项目细节或补充材料。

八、资助使用办法

学区向有关地区提供设备补贴资金。

九、相关资料和时间安排

2018 年项目征集的申请提交截止日期为 2018 年 11 月 30 日前。

第四节　基于信任的学校法（2019）

《基于信任的学校法》于 2019 年 7 月 28 日在官方公告上颁布。降低义务教育起始年龄至 3 岁，确保直至 18 岁的义务教育，教师的预招募，创建全纳学校公共服务等。以下即为基于信任的学校的法律基础。

一、将义务教育的起始年龄降低至 3 岁，从小就消除不平等现象

基于信任的学校法第 11 条"将义务教育的年龄降低到 3 岁"是共和国学校法中共和传统的一部分：在 19 世纪末，义务教育成为共和国的奠基契约之一。对所有 3 岁以下儿童的义务教育实现了政府所怀有的共和雄心。

一方面，自 3 岁起的义务教育证实了幼儿园在法国教育体系中的教学重要性；另一方面，它加强了基础教育在减少儿童不平等方面的决定性作用。

（一）幼儿园的教学认可

降低义务教育的起始年龄是一个机会，可以在其充分成长、情感和社会发展的学校维度上确立幼儿园的特殊教学特征，从而为每个学生提供一个有利于小学学习的框架。

三年的幼儿园教育促进了儿童的性格觉醒，激发了他们的语言、感觉、运动、认知和社会发展，发展了自尊心和对他人的尊重，促进了他们的情感发展。幼儿园努力在每个孩子中培植学习的欲望和乐趣，以使他逐渐成为小学生。

幼儿园也是建立和构造教育机构与父母之间联系的地方，这是在学生的整个学习过程中都会伴随的基本联系。父母可以借此机会了解教育机构的组织和运作，了解其阶段、问题和要求，最重要的是找到自己的位置。

因此，学前教育在幼儿的发展中起着至关重要的作用：它既是成功的跳板，也是学生发展的中心，也是减少社会不平等的关键。

（二）从小减少不平等

虽然 3 岁儿童的入学率（97%）清楚地表明了社会对法国学前教育体系的信心，但是它也掩盖了随区域和社会背景不同而导致的不同入学方式，幼儿园的出勤率有时也会参差不齐。

将义务教育的起始年龄降低到 3 岁将提供一个通用的框架，该框架为所有学生提供相同的学业成功机会。确实，一些科学研究已经证明，学前教育期间的出勤率和学生表现之间存在很强的相关性。

学习精确的词汇和语言结构是减少语言层面不平等的主要手段。在 3—6 岁就读幼儿园期间，孩子们发展了基本技能，以便在小学阶段并在良好的条件下开始学习基本技能：阅读、写作、计数和尊重他人。

义务教育起始年龄的降低是对优先教育中小学一年级（CP）和小学二年级（CE1）班额减半政策的延伸，反映出政府渴望在不平等的根源上采取行动，并不断关注最弱势的学生。

（三）法律变化

1. 指导义务

从 2019 学年开始，所有 3 岁、4 岁和 5 岁的儿童都是义务教育的目标人群。因此，除非父母或法定监护人声明他们正在教育儿童或让儿童在家庭中接受教育，否则所有这些孩子现在都必须入读公立或私立幼儿园或班级。在这种情况下，主管当局将进行检查，以确保履行监督义务。

2. 出勤

出勤义务包括在校时间上课的义务。但是，法律规定，如果对儿童负有责任的人提出要求，则可以在幼儿园的小班（PS）阶段放宽对儿童的这项义务要求。一项法令规定了可以放松的条件。已向国家教育机构发出指示，以迅速响应要求调整孩子上学时间的家庭。

3. 在幼儿园上学

该法第 18 条规定除例外情况 3—6 岁儿童在幼儿园中的教育。在 2023—2024 学年之前，在负责儿童事务的人员事先向主管当局宣布，认为幼儿园的入学遵守了教育义务之后，将进行教育监察，以确保遵守教育义务。

二、从 3 岁开始在学校进行体检，以更好地监测儿童

尽早发现任何可能影响学习的健康问题，对于幼儿的学业成功至关重要。

除了降低义务教育起始年龄外，该法第 13 条还规定为所有 0—6 岁的儿童建立健康档案，以便在小学教育的关键时刻组织体检。

（一）学校为所有 3—4 岁儿童组织体检

法律规定自幼儿园开始，就应对所有 3—4 岁的儿童进行体检。这次体检是学校组织的，旨在筛查神经发育障碍、自闭症谱系障碍，以及感官、身高体重、心理情感障碍和其他健康障碍。学校组织这次体检可以使医疗专业人员了解孩子的在学情况，并在必要时让教师尽可能最佳地适应它。

第 13 条（于 2020 学年开始生效）定义了此次体检的具体方式，规定了

0—6 岁的所有健康参与者之间的互补性，以确保 100% 覆盖学生。

（二）学校为 5—6 岁儿童组织体检

法律还规定在幼儿园大班（即 5—6 岁）进行体检，以确保进入小学学习。此次体检可能涉及注意力、协调性、视力、生长、沟通障碍，书面和声音体征之间的关联障碍。医疗专业人员还应注意预防虐待。

并非需要看到这个年龄段的所有儿童，但没有明确排除所有儿童都可以随时由医疗专业人员陪同或跟踪的情况。另一方面，至关重要的是那些真正需要它的人必须得到体检。它是要考虑到所有儿童，而不需要所有儿童都进行全面检查。

（三）法律变化

1. 3 岁学生的体检

至关重要的是，所有孩子都可以在这个关键年龄从这次体检中受益，除非父母提供了由全科医生或自由儿科医师提供的已经进行了体检的证明。

该法提供了有关组织这次体检的安排的重要细节，以确保确实进行体检。实际上，《公共卫生法典》第 L.2112–2 条提到的这次体检已经是母亲和儿童保护（PMI）的任务之一。该法通过赋予母亲和儿童保护的省级部门以主要责任，来对这一年龄段的所有学生进行这些体检，从而重申并增强了这种能力。如果这些省级部门在某些学校中自行实施时遇到困难，则来自国民教育系统的医疗专业人员将在省级协议框架内以补充方式进行干预。

2. 6 岁学生的体检

准确识别出需要医生体检的学生，需要家人、国民教育医生、其他医疗专业人员（国民教育的护士、母亲和儿童保护、全科医生、儿科医生等），和整个教育团队，包括教师、心理学家和学生的社会服务助理共同提供支持。在研究了孩子健康档案的要点之后，医生将确定他在深入体检中会重点检查的要素。

三、创建大型的公共全纳学校服务

确保从幼儿园到高中的所有学生接受高质量的教育，更多地考虑他们的独特性和特殊的教育需求，这是该法第四章的精神，完全致力于全纳学校。

该法促使残障学生的陪同人员发生深刻转变，以及使作为创建真正的全纳学校公共服务基础的陪同人员的招募、培训和工作条件的重大改善成为可能。

（一）训练有素、员工认可度更高

1. 陪同人员的身份得到加强

该法第 25 条规定，残障学生的陪同人员（AESH）将根据至少三年的定期合同招募，可以续签一次，然后再转换为永久合同。

它还允许国民教育部和地方当局通过协议共同招募陪同人员。"第二雇主"原则将允许希望增加平均工作时间的陪同人员，保证学生在学校和课余时间之间获得更好的连续性支持。

2. 加强培训

从 2019 学年开始，保证为所有残障学生的陪同人员提供 60 小时的职业适应性初始培训。该法还规定，继续职业培训应在国家基准的基础上进行，并适应入学学生情况的多样性。

3. 确认属于教育界

该法第四章规定，残障学生的陪同人员应完全融入教育界。

（二）尽可能根据每个学生的教育需求提供人力支持

1. 全纳本地化支持中心，以提高响应速度和质量

《基于信任的学校法》根据合同在公立和私立教育中创建了本地化的全纳支持支柱（Pial）。它们共同构成了一种新的学生支持组织形式，旨在改善援助（人力、教育和治疗）的协调配合情况并促进陪同人员的管理。

因此，在整个学年中，由本地化的全纳支持支柱提供的支持将可以更好地考虑受支持学生的教育需求，学校活动（实习期、郊游、旅行）和突发事件的管理（陪同人员或被陪同学生的缺席）。

2. 加强与医学—社会部门的合作

该法第 30 和 31 条加强了国民教育体系与医学—社会部门之间的配合。

（三）法律变化

1.对于学生及其家人

（1）在学年开始之前或当陪同人员上任之前，家长、教师和学生的陪同人员之间的座谈；

（2）加强所有利益攸关方之间的合作：学校、医学—社会部门和地方当局；

（3）由于本地化的全纳支持支柱的泛化，使资源的组织和管理尽可能地贴近每个学生的需求。

2.对于陪同人员

（1）地位得到加强：更稳定的合同（以至少三年的合同进行招聘），可能增加个人的平均工作时间以及更好地融入教育团队；

（2）专业培训和支持：加强专业培训，并在每个省中树立经验丰富的残障学生的陪同人员为标杆。

四、确立学生不受欺凌的上学权利

学生之间的欺凌是国民教育与青年部与之不懈斗争的祸患。共和国学校首先必须是一个信任、尊重他人且舒适的地方。

《基于信任的学校法》第5条显示，在《教育宪章》中规定了不受欺凌的受教育的权利。该规定为教育部采取的许多预防措施提供了法律依据，并向整个教育界发出了强烈的信号，旨在大面积动员以对抗学生之间的欺凌行为。

（一）要实行无欺凌的上学原则

欺凌的定义是反复发生的暴力，可能是口头、身体或心理上的暴力。在学校里，一个或多个学生可能针对一个或多个受害者实施这种暴力。它基于对差异的排斥和对某些特征的污名化，例如身体外观、性取向、残疾等。

欺凌以各种形式并越来越多地通过数字工具出现在所有学校中。这种现象与学校倡导的价值观背道而驰，严重损害了学校的氛围。欺凌对受害者的心理、社会和学业后果可能很严重。欺凌者还会在心理健康和社会融合方面带来风险。

只有宁静的学校环境才能使学生在学习中充分发展，并发挥出自己的最大才能。这是提高学生总体水平的核心要素。

（二）法律是防止学生之间欺凌情况的积极公共政策的基础

教育部正在实施一项重要的公共政策，旨在更好地监测学生之间的欺凌情况并加以考虑。

每年的全国反欺凌日都是动员教职员工和学生的好机会。这项运动在国家频道和互联网上进行了广播，有数百万的互联网用户看到了该运动：它对学生产生了很大的影响。

全年中，防止欺凌的学生大使也是初中和高中的重要动员因素。他们接受的培训发展了他们的社会心理技能，并使他们真正地参与了预防工作。

员工培训对于遏制欺凌也是必不可少的。因此，将开展一项专门针对310个省级和学区级对象的国家培训计划。

在许多现有工具中，两个免费电话号码（3020——禁止欺凌，以及0800200000——监听网络）在处理欺凌和网络跟踪情况中起着非常重要的作用。

（三）法律变化

该法第 5 条规定了不受欺凌的受教育权，因此也体现出这种形式的学校暴力的严重性。它对于学生受害者具有很强的象征意义。

该规定还旨在提高所有员工以及所有学生在此问题上的警惕性。通过提高教育界的认识，将有助于教育部在该领域已经建立的预防宝库的应用。因此，法律不是目的，而是新的行动支点；现有挑战便在于使这项新权利生效。

这就是为什么在 2019 学年开始将反欺凌列为部长级优先事项的原因，国民教育和青年部长宣布了十项新措施，以加快采取行动。追求的目标之一是加强对欺凌的识别和调解方法的培训。

在这种情况下，反欺凌计划将在有意愿的小学和初中逐步推出；特别是，它包括教育工具，一个专门处理欺凌情况的团队培训以及为学生家长准备的资料袋。

五、从幼儿园到高中的可持续发展教育

该法第 9 条重新定义了环境和可持续发展教育。这一新规意味着要丰富教学计划，加强动员学校和教育机构的教学团队，以支持学生的承诺和项目。

（一）普及可持续发展教育：国家一级的雄心壮志

高级课程理事会主要负责更好地确定和促进从小学到高中的教学课程中，与可持续发展有关的要素，尤其是所有技术和职业路径文凭都必须考虑这一问题。

此外，这些教育问题还通过教育资源以及与地方当局、协会和各种国家部门的合作，被纳入了国家和学区层面对教师和监督人员的培训。

学区通过支持监察人员、管理人员、干部和教育人员，在实施可持续发展教育方面发挥着至关重要的作用。学区为开展环境和可持续发展方面教育项目的学校和教育机构提供支持。

面临的挑战是要与负责学校建筑和相关结构的地方当局一起，使每所学校和教育机构都可以开展与生物多样性相关的活动（安装蜂箱、巢箱、植树造林）。

（二）法律变化

第 9 条在教育法规中首次纳入生态过渡、生物多样性和应对全球变暖的概念，使环境教育和可持续发展的内容现代化并得到扩展。

从 2019 学年开始，鼓励学生成为可持续发展和应对气候变化的参与者。从这个角度来看，已经采取了三项措施：

1. 确定每所初中和高中的一对生态代表；

2. 在高中生活学术委员会（Conseil académique de la vie lycéenne）和全国高中生活理事会（Conseil national de la vie lycéenne）的年度会议上专门讨论可持续发展主题；

3. 将当选高中生纳入可持续发展教育学术指导委员会。

六、与当地的公共国际教育机构一起向世界开放

该法第 32 条为地方志愿机构提供了一个新的法律框架，使它们能够联合起来创建国际和欧洲教育机构，以适应当地情况和当地社会经济挑战。

(一) 丰富欧洲或国际性教育机构提供的培训

当地的公立国际教育机构（EPLEI）开设了从小学到高中的课程。通用法律框架允许该机构采用两种形式，具体取决于所提供课程的具体情况：

1. 为国家文凭的国际选择和业士学位的国际选择或同时颁发普通业士学位和文凭或证书而做准备的机构，这些机构允许根据与他达成的协议在外国接受高等教育；

2. 经欧洲学校理事会批准并为欧洲业士学位做准备的机构。

公立国际教育机构也将能够容纳准备获取国家文凭和业士学位国家文凭的学生。这项规定是这些机构内部社会融合的一个因素。

在第一和第二学段的单一法律结构中进行重组，将有可能通过促进资源、体育设施共担或课外活动资源的集合，以加强雄心勃勃的教育项目，从而加强对这些机构的治理和管理，特别是通过招募具有特定资格的相关教师。

对于法国和外国学生来说，公立国际教育机构将通过多语言和多元文化课程拓宽他们对伙伴国文化的了解并加深欧洲价值观。他们可能会获得文凭或证书，从而可以在外国接受高等教育并从便捷的流动中受益。

(二) 由地方政府牵头的开放项目

建立公立国际教育机构的倡议属于地方政府、市镇当局、市镇间合作的公立机构、省和地区（通过宪法协议），以适应具体情况和地方社会经济问题。

建立公立国际教育机构可以通过发展国际教育来促进未来人才库的构成，这些人才的技能（语言、多语言、文化等）将成为地方的资产，也有助于其经济吸引力。

（三）法律变化

志愿参与的地方将能够在各学区的支持下，根据每个地区的特殊性和需求制定国际教育项目。

七、加强对家庭教育的监督

通过将义务教育的起始年龄降低到 3 岁，法律将 3—5 岁的儿童扩展到市长的监督范围之内，国民教育服务也扩展至家庭指导框架内。

第 19 条阐明并加强了监督家庭教育的法律框架：它规定了其教育方式，但也规定了在不遵守该法律框架的情况下，对儿童负有责任的人的制裁。

（一）对 3—5 岁及适龄儿童进行教育监督

法律规定了监督对象和教育目标。这些监督措施必须确保在每个义务教育周期结束时，儿童能够逐步达到有关知识、技能和文化共同基础的各个领域的预期目标。它们将适应孩子的年龄和健康状况。

将特别注意教育监督的实施，尤其是对于年幼的孩子：它将特别关注对语言的逐步掌握。

法律还澄清说，监督是根据学术机构规定的程序进行的，并指出，原则上是在家中或在孩子受教育的地方进行的。

加强对家庭提供的教育的控制。

（二）加强教学监督

第 19 条加强了学区的权力，学区现在可以通知对儿童负责的人，在他们两次无正当理由拒绝将学龄儿童送往学校时，将他们送往学校。尽管有国家教育主管部门的正式通知，但也有可能在没有有效辩解的情况下，对未能将儿童送入教育机构的行为进行处罚。

此外，法律还规定了对在虚假家庭中发表指令声明以掩盖另一种情况的父母的制裁，特别是对在非常规条件下开放的学校中为孩子进行登记的行为。

（三）法律变化

1. 扩展监督

家庭中所有 3—5 岁的儿童都将受到市长和教育主管当局的监督。

2. 法定负责人的信息

该法律还规定了政府的新义务，规定适用于教育宪章 L.131—10 条，儿童的责任人在每年需要进行的年度申报之后，应被告知进行监督的目的和方法。

八、通过面向 18 岁以下学生的强制教育，防止最脆弱的年轻人辍学

该法第 15 条（于 2020 学年开始生效）体现了政府对减贫战略的承诺。它对所有 16—18 岁的年轻人进行了义务教育，并扩大了义务教育的范围。

（一）年轻人的权利

在法国，每年有近 80000 名年轻人没有获得任何资质就离开学校系统。他们既没有就业，也没有参与培训，也没有受到教育，成为无就业无教育无培训青年（neither in employment nor in education or training，简称 NEET）。这些年轻的未成年人在融入劳动力市场方面面临巨大的困难，并且是贫困的首批受害者。

法律规定，每名 16—18 岁的年轻人都有权根据自己的需要选择适合自己的课程。培训义务不仅限于重新接受培训的权利或接受职业培训的权利，它还包括其他情况，例如就业、公民服务以及参与支持系统，或社会与职业融合。这些情况，虽然不是严格意义上的"培训"解决方案，但将有助于提高有关年轻人的技能水平，并有可能促进持久的社会与职业融合。

（二）当局的义务

对于年轻人来说，保证 18 岁以下的培训是一项义务，但对于当局本身来说也是。

它涉及确定和联系有关的年轻人，通过情况访谈为他们提供适当的支持，并在此基础上向他们提供指导解决方案或加强的支持途径，使他们能够重新行动起来并参与其中。

（三）法律变化

当地特派团将直接负责确保遵守这一培训义务。

特派团将在监督和支持辍学者的平台框架内，与其他参与者密切合作，行使这一新的网络功能：国民教育参与者行为准则网络（学校、信息和指导中心、打击辍学的使命、重返学校型的微型高中机构）、就业中心、二次机会学校等。

九、更好地培训国家高等教师与教育学院的教师

该法第43—45条确立了在整个领土上对教师进行初步培训的一致性，这是提高学生总体水平的必要条件。

这种师资培训的革新特别涉及创建一个新的培训框架，该框架将在国家高等教师与教育学院中实施。

（一）在领土范围内进行更均匀有效的培训

基于对各高等学校和学院目前提供的培训课程之间某种异质性的观察，培训改革的首要目标是标准化培训内容，包括初始培训、入职培训（在入职的前三年中）和继续培训。

这一发展考虑了三项原则：大学培训的性质、掌握情况、在大学培训和行使职责之间的这一实习年中的轮换。

为此，该法律将高等教师与教育学院（Espe）重新命名为国家高等教师与教育学院（Inspé），并委托负责高等教育和国民教育的部长确定其培训基准。

（二）完善且更透明的治理

该法律还通过拓宽国家高等教师与教育学院院长的招聘范围以及使任命过程更加透明，来改革国家高等教师与教育学院的治理。

更好地培训国家高等教师与教育学院的教师。

国家高等教师与教育学院既是大学的组成部分，又是公务员培训学校，院长职位的候选人将由选拔委员会进行面试，该委员会由大学区区长和相关高等教育机构的校长（必须包括校董会主席）共同主持。该委员会将向部长提供候选人的姓名伴以合理的意见，然后由部长最终决定。

（三）法律变化

一项准备进行深入培训改革的法令，从教学、教育和培训硕士学位

(master Métiers de l'enseignement，de l'éducation et de la formation， 简 称 Meef) 结束时的工作技能和掌握水平方面阐明了培训目标和方针。在国家高等教师与教育学院中，每年 800 小时的培训可以更好地细分主要教学内容。

1. 统一管理所有国家高等教师与教育学院的时间安排

（1）对于第一学段：至少 55% 的培训时间将用于基础知识（阅读、写作、计数、尊重他人，包括对共和价值的认识和传播），至少 20% 的时间用于多学科（其他学科方面）、一般教学法和课堂管理，至少 15% 的时间用于探讨，10% 的时间用于背景研究（尤其是地区），以及每个学院所特有的创新点。

（2）对于第二学段：至少 45% 的培训时间将用于学科和基础知识的掌握，30% 的时间用于高效的教与学策略、评估和课堂管理，至少 15% 的时间用于探讨，10% 的时间保留给每个学院特有的背景研究和创新。

2. 理论与实践之间的联系更加紧密

（1）实习前三分之一的培训时间将由从业者、教师提供。

（2）将实施一系列新的业务指标，以促进对国家高等教师与教育学院间的培训和比较进行定性评估。国家高等教师与教育学院还将能够颁发国外法语教学技能证书，以促进一批对国外法语教学经历感兴趣的教师的涌现。

十、允许逐步进入教师生涯

该法第 49 条允许为本科二年级学生提供为期三年的预职业化课程，以便建立具有不同背景的未来教师库。

（一）对教学人员的吸引力杠杆

这种新的预职业化系统具有三个目标：允许逐步进入教师职业；通过更早向有意从事教职的学生开放来提高该职业的吸引力；以及支持奖学金生直到招聘流程为止。

它为教学行业的吸引力确立了一个真正的杠杆，并使其保持了社会发展途径。为了培养出一批新的教师，将为带薪学生设立综合性的为期三年的专业预科课程，这些学生将获得报酬，并将逐步接受教育和教学任务。

（二）通过职业支持与财务保障进入教师职业的培训

预职业化允许从本科的第二年到硕士的第一年，按合同聘用，并提供具有吸引力的报酬（本科二年级为 693 欧元，本科三年级为 963 欧元，硕士一年级为 980 欧元），为期 12 个月，并可与大学奖学金结合使用。

它会呈现出特定的渐进式介入，并始终由导师负责：

1. 在合同的第一年：进行课堂观察，并参加诸如家庭作业之类的活动；

2. 在第二年：与教师一起进行介入，并参与诸如家庭作业之类的活动；

3. 在第三年：在教师的支持下，负责一个班级。

在这三年合同中，小学或初中每周的工作时间为 8 小时。与其他教育助手一样，相关学生将由校长招募。

（三）法律变化

1. 从 2019 年 9 月开始，将有 1500 名学生受到预职业化体系的影响：第一学段中，候选人数量不足的前三个学区是亚眠（Amiens）、克雷泰伊（Créteil）和凡尔赛（Versailles）；第二学段中，所有学区面临最大招聘压力的学科是数学、文学、英语和德语。

2. 最终：该计划将使 9000 名从本科二年级到硕士一年级的学生受益。

十一、通过学校评估委员会（Conseil d'évaluation de l'École）改善法国学校体系

该法第 40 条设立了学校评估委员会，其目的是成为评估法国学校系统的有效且公认的工具。它的两个主要任务是在对国民教育进行非常密集的评估过程中的两个创新点：所有学校教育评估的一致性以及在年底于全国范围实施学校评估。

（一）为学校服务的评价工作的开展

法国是最后一个没有建立国家层面学校持续评估制度的大型发达国家之一，即使在学区中已经进行了许多实验。

法律委托学校评估委员会为未来评估系统定义方法框架和工具，并设

定主要原则：评估的两个阶段，即自我评估和外部评估；随时间变化的规律性；公开性。实施将由大学区区长负责，区长必须向未来的委员会报告。

（二）所有学校教育评估的一致性

确保在学校教育中进行的许多评估间保持一致性是未来的委员会的第二大使命支柱。

除对工作人员进行评估外，教育系统评估的所有方面均具有法定性质：学生的学习成果、教育系统、学校教育机构，包括评估方法、工具和评估结果在欧洲或国际合作计划的框架内组织起来，例如监测学生学习成果的国际计划（le programme international pour le suivi des acquis des élèves，简称Pisa）。

（三）兼顾独立性、专业性和责任制的评估委员会

学校评估委员会的组成包括：

1. 专家：由 6 名胜任的人士组成，所有人士均由国民教育和青年部以外的当局任命；

2. 独立性：委员会主席由共和国总统任命，其成员中有两名众议员和两名参议员；

3. 评估产生者的责任：部长的 3 名代表是委员会成员。

（四）向用户反馈，丰富公众对教育的讨论

如果说国民教育和青年部是最早建立评估职能的部门之一，那么现在就必须发展一种真正的评估文化，以提高教育的公共服务质量并丰富公众讨论。

为此，学校评估委员会有很大的回旋余地，因为它独立制定了年度工作计划，并将其直接传达给负责国民教育的部长。如同其工作计划一样，它的意见、建议和报告也已公开。

（五）法律变化

该委员会将在 2019 年最后一个季度开始运行。它将能够从学校评估的初步工作中受益，这些工作特别基于在蒙彼利埃（Montpellier）和南特（Nantes）学区制定法律那年进行的实验。

第五节　数字化校园（2020）

一、目标和动机

作为国民教育和青年部数字化发展政策以及农村地区发展战略的重要组成部分，地方政府将会与各学区密切合作，响应国家开展的未来投资计划（Programme d'investissements d'avenir，简称为 PIA）的号召。该计划旨在支持农村幼儿园和小学教育的数字化创新发展。

项目开展的核心内涵是基于农村地区情况的多样性和独特性，发展用于教育创新的数字化工具以助力农村专业化发展。特别是在借助各类教育教学团队的创新举措下，创新教育领域发展，进而为推进学业成功做贡献。这一举措还有利于促进初高中教育之间，甚至是其中部分教育计划的延续性。而项目的评估结果将有利于农村数字化教育部署所必需的决策的制定和方法的选择。

为此，作为未来投资计划的一部分，法国政府从 2020 年开始投资 1500万欧元用来支持农村学校推行数字化创新教育方案发展。

方案中包含的这些教育计划的实施将会基于相关团队的自愿工作，各团队将在各学区的支持下（参与陪同、培训教育和资源支持等）实施拟议的相关教育创新计划。因此，本方案的具体实施结果将是每个参与者（地方政府、教学团队和学区）表达其为服务该方案而努力寻求"未来投资计划"支持的实际意愿。

该方案所获得的相关支持将有助于项目的整体融资情况。这将根据未来投资计划的补贴规则来整合并使用所需的工具设备（如学校 wifi 网络、基础设施、校园网和协作平台等）。

考虑到学校在这些农村地区所发挥的对于社会和公民生活的教育作用，地方政府如果能够让所有人各司其职且发挥其个人最大效能，他们推行的这些项目有机会成为更具有发展意义的行动，进而可以同合作伙伴制定地方的可持续发展规划和政治决策。

法国分别在 2017 年和 2018 年进行了两次"创新的数字学校和农村计划（Ecoles numériques innovantes et ruralité，简称为 ENIR）"的初步和进一步推进。这两阶段安装了共计 3791 所学校和 3570 个市镇的电子设备。

这一方案的实施在增加市镇政府资格标准设定权的同时保障了对数字化程度薄弱学校的支持。此外，这一过程中参与者的行为可以被观察得更为清晰和深刻。

二、指导和支持

学校的数字化发展是区域数字化发展的重要组成部分。因此，这也是国家与地方政府致力于奋斗的共同目标。因此，为确保这一方案可以顺利推行，需要各地区的不同参与者之间建立统一合作战线，大家共同思考并确立统一行动目标，并建立共同的治理策略。

由此：

1. 国民教育部的各个教育服务中心已经成立了一个由学区督学—国民教育服务处学区主任（Inspecteur d'Académie-Directeur Académique des Services de l'Education Nationale，简称为 IA-DASEN）和学区数字化技术代表（Délégué Académique au Numérique，简称为 DAN）负责的咨询、监督和管理的相关组织，这一组织的成员是由市长协会的民选代表（法国市长协会（Association des maires de France，简称为 AMF）、法国农村地区市长协会（Association des Maires Ruraux de France，简称为 AMRF）和法国山区民选官员协会（Association nationale des élus de la montagne，简称为 ANEM）等）、省政府代表和议会代表组成。地方督查机构的成员、负责教师培训的负责人以及任何具备相关专业知识的其他人士（例如相关协会或各类专家等）都可以在方案设计和部署阶段发挥其自身的有效作用。若省级教育管理机构或数字化信息指导中心已建立并投入使用，它们将通过保障民选官员的民意代表性来确保后续行动的决策科学性和合法性。

2. 学区督学—国民教育服务处学区主任将同学区数字化技术代表一起

确保在具有以上资格的市镇中，国民教育督学（Inspecteurs de l'Education Nationale，简称为 IEN）会通知、领导并与相关部门机构一起参与项目开展工作，支持相关负责人计划的实行。为此，学区督学—国民教育服务处学区主任正在动员负责数字化工作的国民教育督学和省级数字化技术专业教师（enseignants Référents pour les Usages du Numérique，简称为 eRUN）。根据 2019 年 8 月 30 日颁布的第 2019—919 号法令，政府将为相关教学团队提供数字化教学培训课程，以便他们可以更好地借助政府所提供的电子设备并进而促进学生数字化信息技术的发展。

3. 在国家层面上，政府建立了一个由投资总秘书处（Secrétariat général pour l'investissement，简称为 SGPI）、国民教育与青年部（Ministère de l'Éducation nationale et de la jeunesse，简称为 MENJ）和市长协会（法国市长协会、法国农村地区市长协会和城市—互联网组织（Villes-Internet）等）的民选代表组成的指导和监督小组。这一组织的行动目标旨在保障任务实施过程中的良好沟通、良性传播和行动目标的高效推进，同时积极听取地区参与者的意见，进而可以更好地为相关农村地区支持地方学校数字化技术发展。

三、方案性质和目标

本方案的目标与第一章中基于教育教学创新项目的目标阐述一致。它们的确立是建立在当地政府和教育团队的共同判断和目标确认（包括设备配备水平、教育项目实施所需的必备手段和培训）的基础上的。行动参与者们可以根据地方政府给予的建议整合地方教育政策，特别是在课外和数字化发展领域的内容。同时，还需召集与该教育行动有关的监察机构和地方参与者以促进学校的教育创新和教育实践改革，进而为推进学生的学业成功做贡献。

它们还将有助于实现（部分）以下目标：

1. 促进基础知识的学习（阅读、写作、算数和尊重他人）和教学法的个性化；

2. 加强学校的包容性；

3. 促进学生学习数字化技术基本技能和信息技术文化；

4. 在课余时间为学生提供一定的陪伴和支持；

5. 促进家庭与学校之间的关系增进；

6. 促进初中与当地高中之间的关系增进；

7. 促进学校学习与课内外活动之间的联系增进（例如，有助于丰富地方教育项目（Projets Educatifs de Territoire，简称为 PEDT）的内容）；

8. 推动该地区的学校和教育资源的重新分配；

9. 在校园内以及学校的相关区域，特别是在课外活动区域，推进数字化校园发展；

10. 开发一个数字化工作平台（Espace Numérique de Travail，简称为 ENT）或协作平台（初高中协作等）；

11. 本地区的每所学校都至少要有一个"数字化基地"，该基地将把数字化设备、基础设施、相关资源和服务有机地结合在一起。

除教育教学项目外，该实施方案还可以增强学校的吸引力及其对当地发展的贡献。通过与其他受众共享信息资源，方案可以通过以下途径使学校成为其地方政府的资源：

1. 向社会公众公开多媒体教育行动；

2. 开展在线公共服务访问，数字化媒介甚至学生、家庭和民选官员之间的联合创作的实验活动（例如市政当局的网站、当地历史或地理信息的影片和地区广告等）；

3. 根据教学团体的建议，尝试与父母，特别是在跨市镇教育团队（Regroupements Pédagogiques Intercommunaux，简称为 RPI）中的父母进行在线交流，以巩固学校和所有学生家庭之间的联系；

4. 支持公民教育政策。

最后，项目必须考虑到每个地区的实际情况，以便允许例如以下事件的发生：

1. 根据资格条件，现有方案可以继续实施并扩大发展规模；

2. 法国最偏远的地区可以启动数字化发展进程；

3. 通过该方案目标来促进中央与地方在市镇层面共同执行的相应政策，其核心内容为：

（1）加强区域间的平等；

（2）弥合数字化发展程度差异的鸿沟；

（3）与该地区初中学校制定的规划保持一致。

四、资格条件

参与本方案的法国各市镇需满足以下条件：

1. 位于法国大城市地区的城市，要求其市镇人口不超过 3500 人，且不属于城市居民不超过 10000 的区域。

2. 位于法国海外省地区的城市，则是所有未出现在地方当局通用法规附录八（l'Annexe VIII du code général des collectivités territoriales）所定义的清单中的市镇地区。

同样具有参与资格的是跨市镇教育团队，而其涉及的市镇政府均需满足上述所有资格条件；具有初等教育管理等综合能力的市镇公共合作组织（les établissements publics de coopération intercommunale，简称为 EPCI）有无财政管辖权（跨市镇教育工会（Syndicat intercommunal à vocation scolaire，简称为 SIVOS），由市镇公共合作组织支持的跨市镇教育团队等），人口最多的市镇不超过 5000 名居民，一半以上的市镇地区其居民少于 3500 名，以及海外省及大区与海外集体的市镇公共合作组织具有学校信息化能力。

作为圭亚那紧急计划的一部分，部长理事会（Conseil des ministres）于 2017 年 4 月 5 日批准了该计划（总预算上限为 140 万欧元，用于 100 所学校的政府支持资金）。

1. 在最初计划的 100 所学校中，总共有 47 所学校获国家 100% 的合约续签，而每所学校的资金支持额度最高不超过 14000 欧元（其中 53 所已经参与了创新的数字学校和农村计划的前两阶段）。

2. 圭亚那省的所有市镇地区都有参与资格（包括卡宴（Cayenne）

地区)。

各学校都必须具备互联网访问权限并以实现数字化进程的预期发展为最低限制网速运行互联网,并完善教室的基础设施(尤其是电气设备)的安装。其中需要优先考虑那些缺少基础设备或没有基础设施发展水平较差的学校。

"数字化初中和教育创新计划"(Collèges numériques et innovation pédagogiques,简称为 INEE)和"创新的数字学校和农村计划"前两阶段中所涉及的学校可以获得再次申请的机会。幼儿园也有资格参加此计划,特别是参与机器人组装活动或手工活动。

五、资金支持

作为整个方案的组成部分,国家资金资助占每所学校支出的 50%,且每所学校的最高资助额为 7000 欧元。为了获取参与资格,每所学校的支出必须至少达到 3000 欧元(国家补贴的受益额至少为 1500 欧元)。

在整个方案的实施过程中所需的费用清单中,国家补贴资金的使用将会涉及以下全部或部分设备的购买:

1. 教室配置的数字化设备(例如用于集体观看的投影仪);

2. 学生配置的具有移动教室式解决方案的数字化设备;

3. 学校配置的数字化设备(例如声音和图像记录设备、图像处理设备和支持机器人代码学习的设备);

4. 允许教师、学生和家长之间进行交流的数字化服务(数字化工作平台、协作平台等);

5. 在教室配置用于数字化学习所需的相关服务(学校 wifi 网络);

6. 方案推进过程中工程建设和指导费用,最高不得超过总费用的 20%。

学校的高配备水平受益于国民教育和青年部提供的免费数字教育资源(学校数字化信息资源库,教师专用的教育、文化和科学资源(Eduthèque)等)。

自 2020 年起,国家对于这一方案的支出总款项不得超过 1500 万欧元。

六、相关文件要求

方案参与者所需上交的文件如下：

1. 教学团队开展的创新性教学或教育项目表；其中对适用于教育教学团队的实际需求开展"数字化培训"有重点表明，它们的确立是建立在地方参与人员的共同判断的基础上并实施起草办法的（民选官员、教师和国民教育督学）。

2. 学校概况（参与第一阶段农村数字化学校计划（École numérique rurale，简称为 ENR）、"数字化初中和教育创新计划"和"数字化中学与乡村计划"的过程中，学校是否配备移动设备；参与创新的数字学校和农村计划的两个阶段的情况），学校中现有设备的清单（台式电脑、平板电脑、电子白板和视频投影仪等）；

3. 必要时说明与该地区各小学以及中学之间的关系；

4. 必要时确定该方案适合的地区发展目标；

5. 说明所需的资金投资对象。

所有这些内容都将包含在提供给方案负责人的参选者资格文件中。

七、方案筛选办法

各省级国家教育服务中心将会根据地方上申请的创新教育项目进行名单的建立并确定优先顺序。

在这些清单的基础上，国家评选委员会根据"数字化学校 2020 计划"的实际目标来选择中标方案，该委员会将由投资总秘书处来确定人员变动。

必要时，委员会可要求相关负责人提供项目细节或补充材料。

八、资助使用办法

学区向有关地区提供设备补贴资金。此外，学区还同学区资助代表团一道确保对相关政府资金的监督以保证为信息技术发展的工作质量。

九、相关资料和时间安排

学区数字化技术代表以及学区督学—国民教育服务处学区主任是相关地区的直接联系人，其工作旨在推进各单位的文件准备任务。

相关项目计划书必须在 2020 年 8 月底前发送给省级委员会，随后委员会将对项目进行先后排序。

学区和相关地方政府最迟于 2020 年 9 月 15 日把修改好的申请文件完整版按部门指示列出候选学校的先后等级顺序列表交给数字化教育署（Direction du numérique pour l'éducation，简称为 DNE）。